不叛逆的青春期，父母做对了什么

心理咨询师详解最普遍的25个青春期难题

于建平 | 主编　　姚祝耶 | 副主编

中国出版集团　现代出版社

图书在版编目（CIP）数据

不叛逆的青春期，父母做对了什么 / 于建平主编；
姚祝耶副主编. -- 北京：现代出版社，2023.9

ISBN 978-7-5231-0506-1

Ⅰ．①不… Ⅱ．①于… ②姚… Ⅲ．①青春期－家庭
教育 Ⅳ．①G782

中国国家版本馆CIP数据核字(2023)第150592号

主　　编　　于建平
副 主 编　　姚祝耶
责任编辑　　朱文婷

出 版 人　　乔先彪
出版发行　　现代出版社
地　　址　　北京市安定门外安华里504号
邮政编码　　100011
电　　话　　(010) 64267325
传　　真　　(010) 64245264
网　　址　　www.1980xd.com
印　　刷　　固安兰星球彩色印刷有限公司
开　　本　　710mm×1000mm　1/16
印　　张　　17.5
字　　数　　213千字
版　　次　　2024年3月第1版　2024年3月第1次印刷
书　　号　　ISBN 978-7-5231-0506-1
定　　价　　59.80元

编写组成员

于建平，北京泓光咨询有限公司创始人，清华大学心理学硕士，曾参与国家自然科学基金项目子课题研究。心理咨询师，心理督导师，积极心理指导师，家庭教育指导师。16 年心理咨询工作经验，累计心理咨询 10000 小时以上，心理督导 2000 小时以上，超过千场大型讲座。

姚祝耶，国家二级心理咨询师，家庭教育指导师，心理学图书编辑。积极心理、沙盘游戏、团体行为训练等技术受训，擅长青少年人格发展、学业问题、亲子关系、职业生涯规划等方向，累计咨询 500 小时以上，课程与讲座 500 小时以上。

王凯丽，清华大学应用心理学硕士，心理咨询师，心理讲师。擅长儿童青少年成长和成人情感婚恋方向，累计咨询 5000 小时以上，课程与讲座 1000 小时以上。

高芳，国家二级心理咨询师，中国心理卫生协会会员。擅长团体咨询、认知行为治疗、沙盘疗法及正念训练，个体咨询累计 1500 小时以上、团体咨询累计 2000 小时以上，并开展青少年家庭教育工作。

康锦琳，国家二级心理咨询师，助理社会工作师，沙盘游戏工作者。擅长儿童青少年心理发展、注意力问题、情绪管理、亲子关系、职业生涯规划等相关问题，个案咨询累计 500 小时以上。

姜珊，家庭教育指导师，积极心理指导师，家庭教育讲师。擅长青少年心理咨询，如人际关系、情绪管理、个人成长等相关问题；致力于儿童青少年心理发展与素质教育，累计服务 2000 多个家庭。

目录

Part 1
学习篇

Part 4

网络使用篇

Part 5

情绪心理篇

做学习型父母，与青春期孩子共成长

李焰

清华大学学生心理发展指导中心主任
中国心理学会注册督导师（D-12-004）

作为一个大学的心理咨询老师，我经常会接到青春期孩子父母的求助。因为几乎每一个拥有青春期孩子的父母都遇到了教育孩子的挑战，也就是说，之前对孩子的教育方式和教育方法似乎都失效了。青春期的孩子向父母要权利、要尊严、要民主、要理解，还要"偏执地"走自己的人生路。对此，父母往往猝不及防。青春期的孩子给父母带来的冲击是前所未有的。

发展心理学研究发现，人的一生有两次自我意识发展的飞跃期。第一次飞跃期大约在 2 岁，孩子开始分清自己与他人，产生了初步的自我意识，能够用"我、我的"等语言表达自己的需求和内心世界。第二次飞跃期则在青春期阶段，为 11 岁到 18 岁。这一阶段，孩子的自我意识开始觉醒，希望自己拥有更多的权利和自由，内心变得更加丰富，并逐步成长为一个独立自主、为自己负责的个体。

在孩子进入青春期之前，父母尚能用强权压住孩子的欲望。"你去把作业写好""晚上你必须几点睡觉""你不能玩游戏"，家长的这些话语，孩子可以听进去。可当孩子进入青春期后，孩子想要自己做决定了。他要成为他自己内心世界的国王。父母和孩子就像分别是两个世界的国王，父母有这样的想法，孩子有那样的想法，彼此仅能交换意见。至于父母的意见孩子听或不听，父母已经不再能够绝对掌控，影响力大大减弱。

面对"不再听话"的青春期孩子，父母的态度应该是什么呢？我认为，更多的应该是欣喜，因为我们看到了孩子正走在分离个体化的路上、成长为自己的路上、发展出自我的路上。

父母应该跟上孩子的成长脚步，开启自己的学习模式，主动去了解青春期孩子的一般发展特点，提前预警他们可能出现的波动与心理问题，用科学有效的方法，与孩子形成合作关系，陪伴孩子迎接一个又一个挑战，逐步见证孩子从一个小国王变成自己真正的君主。

因此，作为青春期孩子的父母，要善于运用心理学来武装自己，成长为学习型家长。相信用符合青春期孩子心理特点的沟通方式和应对策略，父母和孩子能够实现友好相处，共同进步，协力前行。

本书主编于建平老师是我的硕士研究生，已经从事青少年心理咨询工作十余年。她在青少年心理健康教育工作中的热情和专业态度一直为我所认可。本着向青春期家长普及心理知识，带给青春期家长实用的心理技术的心愿，于建平老师携团队共同完成了这部通俗易懂、实用性强的指导性读本。这也是他们多年来青少年心理咨询实践经验的成果。

　　本书涉及青少年心理成长中的常见现象、问题，以及他们在学校和家庭生活中容易遇到的现实困惑。作者以积极心理治疗理论为背景，还融入了行为治疗、认知疗法、精神分析、后现代治疗等理念，有效干预了书中的一系列案例，并将之介绍给家长。阅读本书时，我被书中细节丰富的故事、亲切生动的语言、简单易行又不失专业高度的家长操作指南所吸引。

　　相信家长读者们会和我一样喜爱本书。愿每一位读者都能运用自己的独特视角从本书中发现收获。

2023 年 8 月 11 日于清华园

做好青春期孩子的引路人

　　成为一名心理咨询师的十几年来，我接触的来访者[1]中，有很多青春期孩子。在我眼里，他们是一群非常出色的男生和女生。这些少男少女情感细腻，深刻地思考自己与他人、与世界的关系，试图探讨自己正面临的成长课题。他们迫切地与我谈论他们体验到的情感，谈论他们的生活经历，谈论他们对未来的期望和担心……在心理咨询的过程中，他们喋喋不休，却拒绝跟父母进行坦诚交流。

　　许多父母都在孩子步入青春期后疑惑起来，不知道自己的孩子究竟想要什么。更不知道的是，怎样才能给予他们想要的？怎样才能和他们做朋友？怎样才能真正走进他们的内心？我们都说父母是孩子成长路上的引路人，父母在孩子的青春期成长过程中也扮演着重要的角色。只有找到正确的教育方法，才能更好地引领孩子前行，让孩子成长的道路更顺畅。

---

1 来访者：指前来寻求心理咨询帮助的人，也是心理咨询的服务对象。

做青春期孩子的引路人难不难？既难，又不难。难就难在孩子要成长为一个幸福的人，不仅要有某些能力和技能，更要有健全的心智和良好的品行。对大部分父母而言，都是第一次做父母，更没有接受过系统的学习和训练。如何做一名好家长？我们的理念和方法，常常来自自我领悟，来自自己当年是如何被父辈对待的，来自不同渠道零碎的资讯。面对孩子成长过程层出不穷的问题，家长常常感到困惑，难以有效地帮助和引导孩子的成长。

　　在多年来的青少年心理咨询实践和中小学心理健康家长讲座中，我们发现：很多父母并不理解自己的孩子，亲子误解严重、互动模式混乱；更有甚者，有些父母口中所说的孩子那些问题并不是问题，父母对孩子的焦虑、过分担忧和不信任反而是问题之本源。这些现象，编写组进行工作交流时，每每感到痛心和苦恼。

　　然而，做青春期孩子的引路人也可以不难。因为孩子的成长是有普遍规律的。每个孩子都是宝藏少年，只不过在青春期遇到了种种成长困惑，而这些困惑往往具有相通性。在这方面，心理学家已经取得了大量的研究成果，众多的心理咨询师也累积了丰富的咨询经验供后来者参考。父母了解了孩子的成长规律，用科学的方法陪伴孩子成长，就能够引领孩子平稳度过青春期。这正是本书编写的初衷。这些成果与经验该如何让更多的父母知晓，让青春期孩子的父母不那么"难"？我们希望能够借本书帮助父母了解青春期孩子的成长规律，教会父母使用一些心理咨询师常用且可操作的简易方法，逐步引导孩子发生积极的改变，助力父母做好青春期孩子的引路人。

本书以积极心理治疗的理念为基本取向，同时采纳了行为疗法、认知疗法等多种心理咨询技术。积极心理治疗认为，每个人都有内在的成长、满足和幸福的能力，而所谓心理问题，则是这些能力长时间被阻碍了。解决这些问题的策略则是，利用来访者自身存在的优势，引导其发现解决问题之路。在这里，咨询师与来访者共同组成坚实的同盟关系是带来改变的核心因素。也就是说，如果父母想做好引路人，前提就是要与青春期孩子形成同盟，一起面对他们成长中的重要问题。

那么，哪些问题对青春期孩子来说是重要的呢？

学习是青春期孩子的重要任务，恐怕是很多父母最关心，也最容易焦虑的事情。当然，青春期阶段，学习是孩子的主业，他们面临多场升学考试和极大的学业挑战。在激烈的升学竞争和繁重的学习压力下，很多孩子认为自己付出了很多努力，却无法取得预期的学习效果，进而出现学习困难、学习动力不足、厌学、自我封闭等现象，有的甚至产生习得性无助的心理。这种心理表现为一种持续的无助感和无能感，对自己的能力产生怀疑，感觉自己无法完成学习任务、解决学习困难，对学习失去动力。这个时候，孩子需要父母做的不是讲学习重要性的大道理，不是灌输提升成绩的具体方法，更不是批评和指责，而是理解和接纳。无论成绩如何，肯定孩子的努力，接纳现在的状况，保护孩子的自尊心是父母的第一要务。孩子在感受到被理解、被支持之后，才能慢慢走出习得性无助，重获勇气和信心去面对学业问题，寻找解决方案。

　　青春期是孩子发展人际关系的重要时期。他们渴望与身边人建立友谊。在与不同类型的人接触过程中，他们努力寻找与自己价值观和兴趣相符合的个体，彼此分享快乐、分担烦恼，提供情感支持。他们也开始对爱情和亲密关系产生兴趣，对恋爱充满期待。在这个过程中，由于社交经验不足，他们可能会经历一些挫折，比如社交焦虑、同伴压力、师生冲突等。这些挫折会给孩子带来一些情绪困扰和不适，但也可以成为孩子宝贵的成长机会，具有积极的一面。恰当地处理人际关系问题，能够让孩子对自己的情绪、认知和行为有更深入的了解，提高自我认知和自我反省的能力，还能够让孩子提升理解他人的观点、需求和感受的能力，以及用彼此都能接受的解决方案化解冲突，提高人际交往中的问题解决能力。

　　很多家长常常因青春期孩子的"叛逆"感到困惑、头疼，甚至心寒。曾经跟家长亲密无间的少年，到了青春期却对父母说的话不屑一顾，不愿跟父母分享自己的想法和感受，甚至关起房门，合拢心门，拒绝沟通。其实，试图摆脱与父母的紧密联结和寻求独立性正是青春期孩子的自我意识正常发展的一种表现。这并不意味着孩子对父母没有爱或无视父母的意愿。他们正在经历自我意识的觉醒，开始独立思考，自己做决策。他们希望通过自己的经验去成长，而不仅仅依赖于父母的指导。他们会有意识地违背家长的规定，在不断的探索和试错中建立自己的独特性。家长需要足够的耐心，去理解叛逆，支持探索，接纳试错，陪伴孩子逐渐成长为成熟的个体。

信息时代的当下，互联网与电子产品成了青春期孩子生活中重要的媒介。适度使用电子产品，有助于孩子的健康成长。比如电子书、在线课程等可以提供丰富的学习资源，帮助孩子拓展知识、学习技能；社交媒体、即时通信工具等可以让孩子与朋友和家人保持联系，维持并拓展孩子的社交关系，提升社交能力；游戏、短视频等可以让孩子在闲暇时间放松身心，培养孩子的协作能力。但如果过度沉浸在虚拟世界中，对孩子的学习、社交和身心健康会有程度不一的负面影响。在这个问题上，父母往往是讲道理，孩子不听；定规则，孩子不做；没收电子产品，可能有一定效果，但只是暂时解决问题，而下次孩子玩的时间更长。我更建议家长做好"翻译官"，翻译出孩子隐藏在沉迷电子产品背后的内在需求。这样，才有机会在现实生活中找到能够同样满足孩子此项需求的活动进行替代。比如热衷于电子游戏排行榜的孩子，他在游戏中通过完成任务和超越他人，获得成就感和满足感。如果在现实中孩子能够参与一样能给自己带来满满的成就感的活动，让孩子放下手机、电脑就不再是一件难事。

青春期孩子的情绪就像暴风骤雨一样，情绪体验强烈而多变，青春期也因此被称为"暴风骤雨期"。由于大脑中情绪调节中枢的发育尚未完全成熟，他们很容易受到外界影响产生情绪波动。很多青少年在这个阶段会经历情绪困扰，常常感到忧郁、孤独、沮丧、焦虑、愤怒。这些消极情绪如果没有被孩子及时表达和释放，长期在心里累积，会对孩子的身心健康产生不同程度的负面影响。情绪需要有出口。孩子学会用适合自己的方式合理地宣泄情绪，是情绪管理的重要内容，有助于他们更好地应对情绪波动、释放压力、促进自我认知和维护良好的人际关系。情绪稳定性也是青春期阶段的重要发展任务。

本书力图编写一本兼具故事性、科普性、实用性的青春期教养指南。全书由 5 个章节组成，涵盖家有青春期孩子的家长关心的学习、人际关系、家庭关系、网络使用、学习、情绪心理等 5 个方面的内容。每个方面又包含 5 个青春期常见问题，如此共 25 篇文章。每篇先以心理咨询故事的形式进行呈现。这些真实的咨询案例反映了孩子在青春期容易遇到的成长问题的具体表现。随后，针对每个问题，从心理咨询师的视角剖析问题的本质，找出成长关键词，挖掘问题形成的根源。针对这些问题，我们提供了家长操作指南，并详细讲解了这些方法的具体操作步骤，让家长首先正确面对孩子的成长问题，再进行适当、科学的心理引导。最后，本书还附赠"青春期成长手册——家长必填的17 张工具表格"（后称"手册"），里面汇总了需要纸笔操作、填写的实用工具表格。

我要特别感谢恩师李焰教授为本书的成形提出了很多宝贵的建议，并慨然作序。温暖、热情和智慧的她，始终鼓励着我，我一直心存感激。本书收录的心理咨询案例均为编写组参与的真实案例，经过来访者的同意后，通过化名和更改细节的方式以符合行业伦理，保护来访者的隐私，感谢他们的巨大贡献。本书在撰写过程中参阅了同行大量的相关研究，并得到编辑朱文婷女士提供的很多建设性意见和建议，让我们进一步完善了书稿，最终促成出版，在此一并感谢。中国的心理学科普之路也正在青春期阶段，让我们一同成长。

于建平

2023 年 8 月

Part 1

学习篇

厌学

"考试综合征"

拖延

拒绝升学

混日子

① 厌学：看似最不值得爱，恰恰最需要爱

案例：拉肚子背后也有真实需求

索亚，男，12岁，性格内向，乖巧听话，学习成绩优良。半年前父母离异，双方协商暂时向索亚保密。近两个月来，索亚白天上学无精打采，注意力不集中，晚上写作业拖延应付，难以按时完成，回家常感觉烦躁压抑。家长反馈近期更加沉默寡言，情绪易激动，常常因一点小事甚至无故向家长发脾气，因拉肚子请病假四次，医院排查肠胃功能正常。两周前开始拒绝上学，并向父母提出自己有休学的念头，旋即在父母的要求下前来咨询。

索亚真的是一个聪明敏锐的男孩子。咨询之前，索亚的妈妈告诉我，她和索亚爸爸已经离婚半年了，因为担心影响到孩子的学习，他们一直没告诉索亚这件事，想着等他大一点再说。可是有一天咨询的时候，索亚突然神秘地对我说："老师，我告诉你一个秘密吧，我爸妈他们离婚了。"

"为什么要告诉我这个秘密呢？"

"唉，算了，不为什么。"

"我听到了你的叹息，是不是很不开心呀？"我追问下去。

他沉默了一会儿，可能正在纠结要不要继续聊下去。许久，他鼓起勇气道："他们以为不告诉我，我就不会知道，但其实我什么都知道。我还知道爸爸认识了一个阿姨，那个阿姨还挺漂亮的。有一次我在外面偷偷看到他们两个人一起吃饭，我爸爸笑得特别开心。他们还手拉着手，妈妈从来都不和爸爸手拉手。"

看到孩子落寞的眼神，我心头一阵酸楚："看到爸爸拉着别的阿姨的手一起开心地吃饭，又想到妈妈从来都不和爸爸拉手，你心里肯定特别难受，很心酸吧？"

"我不难受，我只是……伤感。"他抬起头，水汪汪的大眼睛看向我，"老师，从小到大我们一家很少一起出去玩，妈妈总说是爸爸太忙了。我知道妈妈在骗我，不是爸爸太忙了，而是他根本不爱妈妈。三个月前，我在柜子里看到了他们的离婚证，那时候特别难受，但是现在我想通了，反正他们在一起也总是吵架，分开挺好的，我不能那么自私。"说着说着，索亚哭了。他一边抹着眼泪，一边稳了稳心神，继续说道："前阵子他们带我出去旅行了，我从来没有这么开心过，可是回来后也挺害怕的，害怕他们是不是马上就要告诉我了，因为我很快就要小学毕业了，他们不就是等着我长大吗？如果那样的话，以后我们就再也不是一家人了，我就没爸爸了。"说着说着，索亚又把头垂了下去，呜呜地哭出了声。

索亚妈妈之前跟我讲过。三个月前，孩子突然情绪低落、暴躁，在家里也不和爸爸妈妈说话，总把自己一个人关在房间里玩手机，她和爸爸说也说了、劝也劝了、骂也骂了，但孩子根本就听不进去。后来爸爸妈妈商量着带孩子出去散散心，希望能够对他的情绪有帮助。当时孩子确实很开心，可回来后情绪问题好像更加严重了，甚至提出了不想上学的念头。

原来，索亚的情绪问题、厌学问题，是因为他害怕呀！他害怕自己长大了、懂事了、让爸爸放心了，爸爸就会离开自己、离开这个家。他不想长大，不想让父母放心，因为在他的潜意识当中，只要他不长大、不懂事、不让父母放心，爸爸妈妈就永远不敢把离婚的事情告诉他，那样的话，他们两个人就都会一直陪在自己身边，这个家就还是他们三个人的家。

基于对索亚症状的深入了解，我约谈了索亚的爸爸妈妈。

"老师，谢谢您，我们知道该怎么做了。我们一个是索亚的妈妈，一个是索亚的爸爸，不管我们两个人之间的关系怎么样，我们都深深地爱着索亚，都要给他足够的陪伴，让他感受到我们的爱，感受到安全和温暖，这一点是不变的。"

咨询结束后，他们向我表达了感激。听到他们能够如此去理解看待三个人之间的关系，我很为他们感到高兴。我相信，对于索亚来说，当他不再需要他的症状时，症状自然就会消失。

果不其然，不久后，索亚妈妈给我打来电话，告诉我索亚已经重新回到学校上学了。

关键词：症状获益

在心理咨询当中，索亚的状况被称作"症状获益"，即每一个症状都有它的功能性和意义性。症状获益又可分为"初级获益"和"二级获益"。初级获益是指某些心理症状本身就是病人解决心理冲突和满足特殊愿望的方式，症状的出现可使内心冲突得到缓解，使特殊愿望得到满足。初级获益也叫原发性获益，往往是内在冲突妥协的产物。比如有的人每天要无数遍地洗手才能稍觉安心，他明明知道这是没有必要的，并且也为此感到痛苦，但他就是无法停止这种强迫行为。如果不让他洗手，他就会怀疑自己被大量的细菌感染，而反复洗手的强迫行为，会让他觉得自己的手是干净的、卫生的，细菌是没有机会感染自己的，从而使他强烈的死亡焦虑得以缓解。

二级获益也叫继发性获益，人们可以通过症状从外界获得某些好处。这些好处似乎是对症状的"奖励"，它会使人心甘情愿地维持症状而不愿康复。索亚的情况属于二级获益。从索亚的口中我们得知，索亚父母的感情长期以来存在问题，现在父母离异，爸爸也有了新的女朋友，并且这一切都是索亚在不经意间发现的，爸爸妈妈并没有给他一个明确的交代。这种对家庭未来的未知是引发索亚焦虑的根本原因。在索亚出现情绪症状和厌学问题之后，爸爸妈妈因为担心反而给予他比以往更多的关注和陪伴，暂时缓解了孩子的焦虑，同时也满足了孩子的部分心理需求，使得索亚在症状中获益。如果家长不能识别孩子的症状获益，就很难真正帮助孩子走出症状。

二级获益并不代表症状是伪装的。索亚的症状是真实存在的，他痛苦、焦虑、害怕、缺乏安全感、无心学习，乃至拉肚子，这些都不是装出来的。只不过当他的这些症状具有功能性和意义性的时候，潜意识里他更不愿意好起来，甚至是希望自己不要好起来，这才是二级获益棘手的关键所在。

从社会功能上来说，厌学乃至拒绝上学也是一种"症状"。内华达大学克里斯托弗·A.科尼总结，一般而言，孩子会因为下面的一个或几个原因和功能拒绝上学：

- 为了逃避引发负面情绪（如恐惧、焦虑、抑郁和身体不适等症状）的学校相关事物和情景（刺激）；

- 为了逃避学校令人苦恼的社交或评价情景；
- 为了获得和博取学校外其他重要之人的关注；
- 为了获得或追求校外的实质利益。

前两种来自逃离学校或学习中的痛苦情景及感受，后两种则来自追求生活中的某种利益或意义。例如在学校成绩不好，自卑焦虑，或者受到老师批评，认为老师针对自己而厌学、拒学，就是以逃离的形式获得利益。像索亚这样，因为厌学、拒学而获得父母的关心、关注和陪伴的，就是在以追求的形式获得利益。

 家长操作指南

一、拉开自己与孩子厌学问题的距离，允许孩子带着症状去生活

身为父母，有时候过度专注于孩子的问题并不能解决问题，而拉开自己与孩子的问题之间的距离，站在远一点的地方，看到全貌，问题就能得到全面的分析与理解。

例如，从宏观视角出发，以孩子的厌学症状为中心，围绕这个中心向外逐渐辐射就会发现，厌学不是问题，孩子的症状与自己的关系、与他人的关系、与环境的关系才是关键。

在症状与孩子自己的关系方面，可以分析孩子的心理发展阶段如何，性格特质是怎样，优劣势有哪些，对自己怎样评价，等等。比如有的孩子性格内向，有什么不开心的事情都自己一个人默默地承受，他可能压抑了很多的恐惧、愤怒或是委屈，厌学的症状获益或许来自情绪的表达和宣

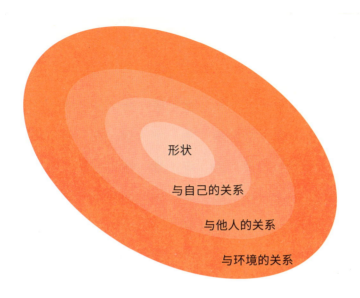

图1-1 症状与关系的宏观视角图

形状

与自己的关系

与他人的关系

与环境的关系

泄——我不愿意再忍受了；我就不上学，能怎么样?！

在症状与他人的关系方面，可以从交友情况、师生关系、亲子关系等方面着手，重点了解孩子是否经历了校园霸凌，是否压抑了对父母的不满情绪，最近有没有和好朋友闹矛盾，最近有没有受到过老师的批评，家里最近发生了什么重大的事件，等等。比如有的孩子在学校经历了校园霸凌，他不知道该如何处理这种问题，不知道自己做些什么才能够不被人欺负，厌学的症状获益来自回避问题——我不去上学，就不会再受欺负了。再比如索亚，他的症状获益来自获得爸爸的关注和陪伴，维系完整的家庭关系。

在症状与环境的关系方面，应该重点关注孩子从小到大的成长环境、家庭教养方式、学校的教学理念、社会公众事件和舆论的影响，等等。比如新冠疫情期间，有的孩子沉迷于游戏，厌学拒学，症状的获益可能来自缓解压力——逃避到虚拟世界，缓解疫情防控无法出门带来的焦虑。

拉开与症状的距离，父母可以了解更多、更全面的信息。然后再带着全面的信息回到症状中去理解症状，才有可能去解决它。

二、看到孩子在症状中的需求

以孩子出现明显的厌学症状时间为节点，将孩子在此前后的生活做一个损益对比。填写关于厌学的"症状损益表"（空表见手册表1），看看对于孩子来说，"厌学"这一症状，可以给他带来哪些益处、哪些损失？尽可能地列举症状带来的所有变化，并给获益和损失的程度打分。我们不妨将满分定为10分，再将这10分分配到每一条中。分数越高，说明越重要。综观全表，可以帮助你更好地理解孩子厌学中的症状获益。

我们来看下一页索亚的例子（见表1-1），通过索亚的厌学症状损益分析，我们可以看出他出现厌学症状后的损益变化。很明显，其获益得分大于损失，而获益中得分最多的是家人的关系。因此，对于索亚的父母来说，需要把关注点从索亚的厌学症状转移到审视家庭关系上来，从症状中看到孩子对于家庭关系的期待和需求。

症状获益是一个非常复杂的现象，很多时候它隐藏在人们的潜意识里，很难被意识觉察。如果厌学的获益对于孩子来说是非常重要的，在孩子的潜意识里是隐藏得非常深的，那么家长就很难与孩子讨论他的症状获益。这个时候，家长需要做的是建立和维系良好的亲子关系，识别并控制环境中的获益因素，允许孩子保持现状，带着症状生活一段时间，切忌操之过急。

表 1-1 索亚的厌学症状损益表（例）

症状	获益项目	获益得分	损失项目	损失得分
厌学	一家人外出旅行	1.5 分	和好朋友一起玩的机会越来越少	2 分
	不用早起，有足够的时间休息	0.5 分	面对喜欢的老师会觉得尴尬	0.5 分
	爸爸的陪伴比以前多	1 分	爸爸妈妈的焦虑让孩子感觉有压力	1 分
	时间比以前自由	1 分	有时候会很无聊	1 分
	爸爸妈妈尽量满足孩子的需求	1 分	面对亲戚、邻居询问时会觉得没面子	0.5 分
	在家里可以表达负性情绪	1 分		
	不用写作业	0.5 分		
	爸爸妈妈瞒着离婚的事实，看上去还是一家人	3.5 分		
总分		10 分		5 分

三、寻求良性、替代性方案

看到孩子厌学症状中的获益后，我们需要思考并与孩子讨论以下两个问题——

- 孩子哪一部分的获益需求是合理的？
- 对于不合理的获益需求，该如何调整才能够相对合理且易于接纳？

以索亚为例，合理的获益需求有：一家人外出旅行，爸爸的陪伴比以前多，时间比以前自由。对于这部分合理的需求，家长需要思考的是，为什么我不曾满足孩子合理的需求？并通过实际行动向孩子传达：即便你不厌学，爸爸妈妈也会反思自己，满足你这部分合理的需求。

而对于一些不合理的获益需求，例如不用早起，有足够的时间休息，可以调整为周末可以不用早起，尽情休息；爸爸妈妈尽量满足孩子的需求，可以调整为在爸爸妈妈能力范围内，满足孩子的合理需求，如果不能满足，向孩子讲明原因；在家里表达负性情绪，可以调整为在家里用正当方式表达负性情绪，不大吼大叫，不摔东西；不用写作业，可以调整为每天认真写作业 1 小时，写不完也没关系；爸爸妈妈瞒着索亚他们已经离婚的事实，看上去还是一家人这一部分的获益需要谨慎处理，可以通过实际行动，让孩子感受到，无论他是否厌学，无论爸爸妈妈是否离婚，爸爸妈妈都非常非常爱他，都愿意陪伴他、保护他。

淘气，捣蛋，犯错误，惹父母生气……孩子在这些看起来最不值得爱的时候，恰恰是他最需要爱的时候。如果他不用通过症状就能够获得爱，症状就失去存在的意义了。

② 拖延：允许自己不完美

案例：越追求完美，越容易拖延

晓欣，16岁，女生，高中二年级。自小父母对她的学业要求非常严格，学习成绩优异。升入高中以来，学习任务加重，晓欣通过更加努力的学习，继续保持着名列前茅的年级排名，但是近两个月，晓欣在完成家庭作业时越来越拖延，自述喜欢到校上课，不存在厌学情绪，但是在完成家庭作业时就会莫名烦躁、拖延回避，经常要到后半夜才能写完作业。因为睡眠时间减少，白天的听课效率也大不如前，晓欣非常着急想要调整自己的状态，主动向家长提出进行心理咨询的意愿。

晓欣安静地坐在对面，她穿着一身白色校服，既干净又平整，整齐服帖地梳了一个长马尾，耳鬓看不到一丝碎发。可能因为睡眠不足，晓欣的面庞显得苍白消瘦。我微笑地看着她，静静地等待她打破此时的沉默。

这是我们第五次咨询了，最初了解到晓欣的情况时，仅仅是"某全国知名重点学校年级排名前5名的学生"这一条，就让我对她产生了很多的好奇，这会是一个什么样的孩子呢？她又会是因为什么前来咨询的呢？我们第一次会面时，晓欣急不可耐向我倾诉烦恼的样子至今记忆犹新，她的求助意愿特别强烈，而她求助的原因就是——学业拖延——每天晚上回家后都不想写作业，一提起作业就莫名烦躁，看会儿小说、刷会儿手机、听会儿音乐，或者仅仅是发会儿呆，总之就是在写作业时各种拖延，本来可以花三四个小时完成的作业，常常一拖就拖到了后半夜。

"老师。"晓欣轻声的呼唤打断了我的思绪，把我拉回到现实当中。

"你刚刚问我的这个问题——我到底是在追求完美，还是害怕不完美，我想了想，还是不知道该怎么回答。我以前从来没有思考过这个问题，一直以来，我都以为自己是一个追求完美的人，可能从小就是这样子了。从小到大，妈妈对我的要求非常严格，刚上小学的时候，每天写作业，妈妈都坐在我的身边，就看着我一笔一画地写。我记得特别清楚，有一次就因为'车'字下边那一横我没有写平，妈妈就把整页的作业撕下来让我重写。"晓欣停顿了一下，端起水杯喝了口水，在她仰头的瞬间，我好像看到她的眼睛里有什么东西闪了一下。

"小时候，只要妈妈坐在身边看着我写作业，我就会胆战心惊的，生怕哪里写错了、写不好被妈妈批评，根本没办法专注地完成作业，她发起脾气来可吓人了。后来上初中以后，妈妈不再看着我写作业了，因为我不用她看着了。我写作业很认真，我先把作业写在草稿纸上，再反复检查每一道题，最后才工工整整地誊写到作业本上。有时候页面有一丁点儿不干净，我自己就会把它撕下来重新写。唉……这么想起来，也多亏了从小妈妈对我的严格要求了。对了，给你看看我的作业本吧。"

一边说着，她一边从书包里翻出一个本子拿给我。在我翻开本子的瞬间，就被上面工整漂亮的字迹惊艳到了。

"所以我说我不知道自己到底是在追求完美，还是害怕不完美，可能是我害怕不完美，因为我是追求完美的吧。我跟班主任老师说我每天回家写作业都特别烦躁、特别懒得写的时候，我们班主任老师都不相信，因为我的每一份作业，都写得工工整整的，而且从来不会做错题，在他们眼中，我就是那个别人家的孩子，唉……想起一会儿咨询结束，回家就要写作业了，心里就烦！"

短短几分钟，我先后听到晓欣两次叹息，感受到她的无可奈何，莫名地心疼了一下。

50分钟的咨询很快就结束了，我给晓欣布置了一项任务，就是今天要完成一次最糟糕的家庭作业：写作业前不许打草稿，写错字时不许撕下整页作业纸，写完作业不许做检查。在她犹豫不决的时候，我告诉她，这是我送给她的克服拖延的秘密武器，只要完成这份糟糕的作业，学业拖延的问题就会奇迹般地改善。一份糟糕的作业和糟糕的学业拖延现状，孰重孰轻显而易见。听我这么说，晓欣轻轻地吁了口气，欣然应允了这份任务。

咨询结束了，在晓欣转身离开的背影上，我好像看到了一丝难以觉察的轻松。

关键词：消极完美主义

为什么要给晓欣留这样一个看上去让人感到莫名其妙的任务呢？那是因为晓欣的这种学业拖延源于她是一个担心失败、害怕不完美的消极完美主义者。在写作业的时候，她对自己要求特别严格，就像晓欣自己说的那样，哪怕有一个字没写好，都会把整页重新写一遍。表面上看，这是一种对自我的严格要求，但也正是这种严格得近乎完美的高标准，让晓欣在面对写作业这个事情上，因为担心不完美、担心犯错误、担心被批评而感觉困难重重，仅仅是想到写作业这件事就会莫名烦躁、焦虑，从而不愿面对、一拖再拖。

一般而言，受到渴望成功和积极强化的驱使，人们会在生活当中努力拼搏、奋力进取，他们从失败中汲取教训，把失败看作成功之母。但是像晓欣这样的消极完美主义者，他们看上去十分努力，各方面都非常优秀，但他们付出努力的目标并不是追求成功，而是避免失败。他们认为失败是对自己的否定，把失败看作灭顶之灾；他们对行动很难感到满意，在行动之前就感到焦虑和情绪枯竭；他们对失败的恐惧超越了对成就的追求，在高目标前常常会犹豫不决、拖拖拉拉。比如晓欣小时候，她的父母对她要求特别严格，晓欣的作业哪怕只有一点点不完美，都会受到父母严厉的批评并被罚全部重写。为了避免责罚，晓欣对自己的要求越来越高，慢慢地，她也确实从中获益，比如取得优异的成绩、获得老师和同学的欣赏等，于是更加强化了她对自己追求完美的认同。对晓欣来说，作业写得不完美是一件非常可怕的事情，那不仅仅代表着会受到父母严厉的批评指责，还代表着可能带来学习成绩下降、老师和同学不再欣赏自己的风险。

以前晓欣上小学、初中的时候，因为作业相对不是很多，她还能够应付。现在到了高中阶段，作业越来越多，每天都有大量的刷题、练习、作文、默写……如果晓欣对自己有一个合理的期待和要求，保持优异的成绩、考上心仪的大学是毫无悬念的。但是，就是这种害怕不好、害怕失败、追求完美的特质，让她在面对本就繁重的作业时，更加忧心忡忡、心烦气躁、难以应对，于是一拖再拖，就出现了之前的种种状况。咨询师给晓欣布置"写一次糟糕的作业"的任务，就是要打破晓欣对于必须写出完美作业的错误认知。

在后来的咨询中，晓欣欣喜地向咨询师分享了那一次"糟糕的作业"任务的完成情况。她说：刚刚听到咨询师布置的任务时，她特别疑惑，也有点抗拒，因为自己太害怕一旦这样做作业，被老师和家长发现后，就会受到批评。但是一想到这是能够帮助自己战胜拖延的神奇法宝时，还是决定试上一试。"写作业前不许打草稿，写错字时不许撕下整页作业纸，写完作业不许做检查"，听上去简直太可怕了，但实际上，那一次作业除了涂改了几个错字之外，似乎并没有什么更糟糕的状况发生——卷面依旧工整，老师给出的作业评价等级依旧是"优"，一切似乎都和以前一样。唯一不同的是，写作业的感受轻松了很多，完成作业的时间缩减了很多。

在针对消极完美主义者的咨询中，我们发现，如果他们慢慢接纳了自己的不完美，在某一天就会发现，原来自己还是很不错。就像晓欣后来说的，其实只要允许自己不完美，事情反而会变得更完美。

 **家长操作指南**

一、将回避失败型目标转换为追求成功型目标

为了强化内在动机，孩子需要将长期目标表达为他希望达到的成就（追求成功型目标），而不是他想要避免的失败（回避失败型目标）。

回想一下过去你是怎么向孩子提出各种学业要求的呢？下方有关于这两个类型的选择题请在符合的后面打"√"。

表 1-2 回避失败型与追求成功型的学业要求

序号	回避失败型	追求成功型	
1	做题别马虎	做题要细心	
2	上课不许睡觉	上课认真听讲	
3	不写完作业不许玩手机	写完作业可以玩手机	
4	写作业的时候不许看手机	写作业的时候尽量专注	
5	为什么没得 100 分？	考了 90 分，你是怎么做到的，还有可以进步的空间吗？	
6	经常会批评孩子在学业上所犯的错误与不足	经常会表扬孩子在学业上获得的成绩与优势	
7	为什么考试没有小明好？ 为什么试卷没有小红工整？ 为什么听讲没有小强认真？	这次考试考出了你的真实水平，是你平时努力的结果	

接下来，想一想，你还向孩子提出过什么样的"回避失败型"的要求？如果有可能，也可以邀请孩子参与进来，让他写一写他自己的"回避失败型"目标？然后尝试着将它们转换为"追求成功型"的要求或目标。下面以晓欣的经历为例，来解释这项作业应该如何进行。您可以和孩子一起在手册的表 2 "目标转换表"填写属于你们的回避失败型要求 / 目标与对应的追求成功型要求 / 目标。

表 1-3 目标转换表（例）

家长：小欣妈妈		孩子：晓欣	
回避失败型要求	转换为追求成功型要求	回避失败型目标	转换为追求成功型目标
"车"字的横写得不好，整页作业全部重写	整页字绝大部分都写得很好，你很努力，如果把"车"字再写一遍，相信你能写得更好	作业纸上不能有错字、错题——这太难了	作业纸上有个别错字、发现有错题也没关系，我把它改过来就行了

二、预先思考，远离高危情景

回想一下，你的孩子学业拖延的高危情景都有哪些呢？或许是短视频、手机游戏，或许是一写作业就照照镜子、上个厕所，又或许是疲惫、心情差等，家长尝试着把它们写下来，例如一写作业就照镜子。

写好后，再邀请孩子一起参与讨论，看看孩子是如何评价自己的拖延程度的？他是如何理解自己拖延的高危情景的？对于你写的这些，他认同吗？他自己还有什么补充吗？他想出的对策是什么？又需要得到你的哪些帮助呢？请把和孩子的讨论填写在手册的表 3 "学业拖延高危情景应对表"中。

表 1-4 学业拖延高危情景应对表（例）

学业拖延程度 1～10 分	改变意愿 1～10 分	高危情景	预先思考对策	需要家长提供的帮助
5	8	一写作业就照镜子	把镜子放在客厅里	如果发现我忘记把镜子放在客厅里，请及时提醒我

三、任务拆分

一个巨大的、高要求的、艰难的任务摆在面前，很容易把人吓倒，从而让人一拖再拖，难以行动。而被拆分的一个个更小一些的、更简单些的任务，只要你开始完成第一项时，拖延就被打破了。任务拆分可以减小开始行动的阻力，避免拖着不动。同时，每完成一个小目标或小任务，你都会觉得有进步，从而产生成就感和掌控感，这是促使我们进一步行动的动力。

尝试着和孩子一起将家庭作业拆分一下吧！你可以选择一个漂亮的本子送给孩子，每天在这个本子上做作业拆分，每完成一小项作业的时候，就在拆分的相应作业后面打上一个"√"，这是一种对自己的即时奖励，看似简单，效果显著。

在实际生活中，往往越追求完美，越容易拖延。接纳自己的不完美，你会发现，原来自己真的很不错，而这才是你勇敢追求成功迈出的第一步。

❸ "考试综合征"：改变"唯成绩论"，扫除心中歪曲信念

案例：总是考不好的优等生

焦小小，17岁，女生，高中二年级。学习成绩优异。高二上半学期期末考试前突然骨折住院，却仍带伤坚持考试，成绩不理想。春节过后，受疫情的影响在家上网课三个月，学习非常努力，希望能够把成绩重新提升上去。学校复课开学测的前一周，感到紧张、失眠、无食欲、注意力不集中，考前一晚彻夜失眠，清晨呕吐，不想去学校，经过父母的鼓励，最终鼓足勇气来到学校。考试时，心慌、胸闷、手心出汗，头脑发晕不清醒，成绩依旧不理想，为此主动求询。

焦小小给我的第一印象是疲惫。

她戴了一副厚重的眼镜，镜片后是重重的黑眼圈，说起话来有气无力，时不时一个深深的大喘气，她自己却觉察不到，整个人给人一种有气无力、软塌塌的感觉。让我印象最为深刻的是她脱口而出的咨询目标——"我想考出一

个好成绩"。

"可是心理咨询是没有办法帮助你实现'考出一个好成绩'这样的目标的。"

焦小小回应我说："老师，每次考试的时候，我就好像中了邪一样，失眠、心慌、胸闷，大脑一片空白，感觉整个人都要昏过去一样。老师，我知道我是有实力的，我找您是想要您帮助我调整好自己的心态，让我能够发挥出自己正常的水平。"原来是这样，我恍然大悟。结合焦小小描述的症状，我判定焦小小有比较严重的考试焦虑，并由此发展为"考试综合征"。

焦小小从小到大一直都是一名优等生，传说中的"别人家的孩子"。父母为此感到非常骄傲，经常会当着她的面在其他家长面前"显摆"，这让她感到极不舒服，尤其是当他们跟自己要好同学的父母"显摆"时，她甚至是非常反感抵触的，她很担心爸爸妈妈的这些做法会伤害到自己的同学，从而影响同学和自己的关系，让自己在学校受到排挤、孤立。

高二上半学期，焦小小因为骨折住院休病假很长时间，她带伤坚持参加期末考试，可是因为落了很多课，所以排名一下子掉了下来。爸爸妈妈虽然嘴上没说什么，但是她能够感觉到，他们是失落的。他们不再逢人就炫耀小小有多么优秀，当有人问起小小考试成绩的时候，他们显得闪烁其词，有时甚至会当着小小的面抱怨："太过分了，明明知道你受伤了还来问东问西，这不是存心看我们的笑话吗？"小小听后心里非常难受，觉得自己太差劲了，让爸爸妈妈丢了面子，甚至觉得他们不再像以前一样爱自己了。

近几年居家学习的网课模式对于孩子们的自律性堪称一次严酷挑战，很多孩子在这样的环境中，就像脱了缰的野马，有的沉迷网络，有的作息紊乱，将学习抛诸脑后。而焦小小却恰恰相反，她每天认真上网课，除了完成家庭作业，还主动给自己附加了很多额外的练习，她一直憋着一股劲儿——一定要在开学测试时把排名提上去。

学校终于通知复课了。得知复课的消息，焦小小异常兴奋，终于等来了可以证明自己的重要时刻，终于可以重新做回爸爸妈妈心中的骄傲了。可是开学的前一天晚上，她竟然失眠了，翻来覆去，胡思乱想：如果这次再考不好，我该怎么面对爸爸妈妈？老师同学又会怎么看我？我还能不能考上自己心仪的大学了？考不上大学，我可怎么办呀？

第二天早上，焦小小起床后觉得昏昏沉沉的，一种不祥的预感涌上心头。她早早地来到学校，连早饭都没吃就拿出课本，想要把知识点全部重新温习一遍，以便在今天的开学测试上考出一个最好的成绩。可是书本上的字迹此时好像一群密密麻麻的蚂蚁爬来爬去，焦小小觉得一阵眼晕……考试的时候，焦小小的大脑一片空白，好像什么都想不起来了，身上的冷汗甚至浸湿了衣服……这次考试，她又失利了。接下来的几次单元测试、月考、期末考，只要是考试，焦小小都会出现类似的症状，考试成绩一次不如一次。可是每次考后，小小都会发现，那些试题自己明明都会呀。

爸爸妈妈带着她中医、西医看遍了，什么问题都检查不出来，后来在一位神经内科主任医生的建议下，决定进行心理咨询试试看，于是带着小小找到了我。

关键词："考试综合征"

焦小小的症状属于"考试综合征"的典型症状。"考试综合征"是指学生多次反复在考试期间，出现严重的紧张恐惧情绪，并伴随失眠多梦、出汗发抖、心悸胸闷、头昏脑涨、注意涣散、思维迟钝、恶心呕吐、腹痛腹泻等症状的情绪问题和身心功能紊乱，无法自行调节，严重影响考试时发挥水平。

面对考试，是顺利发挥自己应有的水平，还是会遭遇"考试综合征"，其影响因素有很多。首先，学习动机是其中一个重要因素。学习动机是指引发与维持学生的学习行为，并使之指向一定学业目标的一种动力倾向。美国心理学家耶克斯和多德森认为，每种任务都有一个最佳的动机水平。处于最佳动机水平的学习效率最高。动机不足，效率自然下降。比如数学考试的"送分题"也会有人因"马虎"扣分，就是因为没有投入足够的动机去做这道题。而动机一旦超过这个最佳水平，对效率反而会产生一定的阻碍。比如焦小小，因为骨折而学习成绩下滑后，迫于种种压力，她急于求成，迫切想要将自己的考试名次追回来，学习动机过强，因此面对考试产生严重的紧张、焦虑、恐惧情绪，并伴随出现一系列身心症状，从而影响到考试水平的发挥。

其次，不同的认知模式，对待考试的态度也有所不同。扰乱人心思的不是那已经发生了的事情，而是关于这些事情的看法。人们的认知对情绪和行为具有控制性影响，而人们的行为能够强烈影响思维模式和情绪。

打个比方，当你读到这一段的时候，如果你想的是"心理咨询师就会胡诌，你写的这些都是骗人的"，那么此时你可能会觉得失望、无聊或是愤怒；如果你想的是"我孩子的情况比你们书中写的那些孩子严重得多，这本书根本不会对我有所帮助"，那么你会感觉烦躁，或是沮丧、泄气；而如果你想的是"这本书的内容如何我不了解，不妨看看对我和我的孩子有没有用"，你就会感到好奇，带着思考阅读下去。这就是认知对情绪和行为的控制性影响。

焦小小第一次考试失利后，她的想法是什么呢？她觉得自己太差劲了，让爸爸妈妈丢了面子，爸爸妈妈不会再像以前一样爱自己了，这是一件非常可怕的事情。面对各种考试的时候，她在想：如果我考不好，我就无法面对父母、老师和同学，我也无法考上自己心仪的大学，我以后的生活会一团糟。她认为一次的考试失败会导致可怕的后果，这样的极端思维严重地增加了她对考试的焦虑、恐惧程度，长此以往，最终发展为"考试综合征"。

再者，"考试综合征"也与个人的性格特质有很大关系。我们在生活中经常能够看到，不同的人遇到同样的事，往往会有不同的情绪体验。有一个广为人知的故事，说的是一个老婆婆，大儿子是卖伞的，小儿子是卖鞋的。天晴的时候，没人买伞，她就会为大儿子担心。下雨的时候，没人买鞋，她又会为小儿子担心。老公公知道后跟老婆婆说，下雨时有人买伞，天晴时有人买鞋，你有什么可担心呢？为什么老婆婆和老公公面对同样的事情，会有不同的情绪体验呢？这与一个人的性格特质有关。这位无论天晴还是下雨都会为儿子担心的老婆婆，就是焦虑型特质，她经常会莫名担心家人的状况，总是感觉未来会有不好的事情发生，提心吊胆。这种性格特质的人在面对考试这种压力情境时也会有类似的反应。焦小小和这老婆婆是一样的，她常常感觉内向自卑，害怕失败，害怕被取笑、嘲弄和羞辱，自感无能，害怕受到批评或被拒绝，生活中惯于夸大潜在危险以回避某些活动。一次的考试失利对有的孩子来说可能不算什么，但是对于像焦小小这样具有焦虑型特质的孩子来说，足以激发出她强烈的恐惧焦虑情绪了。

此外，不可否认的是，升学考试是选拔性考试，加上平时的大小测验，都意味着有竞争，有些学校、家长很容易就此走向"重结果，轻过程"的误区，也导致越来越多的孩子恐惧考试、焦虑考试。学校和家长如果越多地对学生简单粗暴地"以考试代替评价，以分数代表能力"，日渐形成的"唯分数、唯升学"的思维惯性就越发难以打破，致使教育也越发容易陷入深度内卷的局面，给学生的学习带来巨大的心理负担。

在这样的环境中，焦虑情绪也会蔓延，会有更多家长不可避免地"唯成绩论"，试图通过对孩子学习的严格要求来缓解自己的焦虑，通过对孩子学习成绩的攀比来满足自身的自恋，向孩子传达着"成绩不好万事衰，考试不好无出路"的歪曲理念，这样就会给孩子造成极大的学习压力，无形中使孩子对考试的紧张、恐惧、焦虑情绪愈加严重。可以说，学校、父母如果对待学业和考试的动机过重，那么孩子自然也就"过犹不及"，促发"考试综合征"。

家长操作指南

一、改变"唯成绩论"

"唯成绩论"让成绩不再仅仅是成绩，而是一个人获得幸福、成功、尊重、信任、爱，甚至是人生意义的唯一途径。我们不否认学习成绩对一个孩子未来发展的重要性，但是我们不赞同"唯成绩论"，因为"唯成绩论"会让父母和孩子忽视原本比学习成绩更为重要、促进人的终身发展的各种积极品质。

一旦一件重要的事情变得"唯一""绝对"，那么它的重要性也会扭曲、变味。如果您身为家长，一时难以转变这种观念，请您这样思考：哪怕是只为了孩子在考场上能发挥出应有的水平，也要记住，不要把这种"唯成绩论"的观念传递给孩子。

让孩子在努力的过程中，获得自尊、自信、意义、爱及幸福的感受，那么成绩才可能仅仅只是成绩，孩子对考试不切实际的恐惧、焦虑才能得到缓解。

二、通过问答帮助孩子改变自身的歪曲信念

"考试"只是一种社会评价手段，而不是孩子的根本需求。如果孩子过分在意考试，说明他相信考试成绩背后会给他带来些什么。有"考试综合征"的孩子，往往会对考试产生多层的、发散的联想，因此，要想了解真正的原因，很难通过简单的询问实现。"箭头向下问答法"是认知行为疗法中常用的一种提问方法，它可以通过反复提出"假如那是真的，对你意味着什么"这一问题，不断追索隐藏在想法背后的关于自我的信念。

下面，以焦小小的一次考试失利为例，来呈现父母如何通过箭头向下法，帮助她找到引发"考试综合征"的歪曲信念的过程。

> 问：考试成绩不好对你来说意味着什么？
> 答：意味着我很失败。

> 问：考试很失败，对你来说又意味着什么？
> 答：意味着我将无法面对你们（爸爸妈妈）、老师和同学。

> 问：因为考试不好，无法面对我们、老师和同学，对你来说意味着什么呢？
> 答：意味着没有人会再爱我了，我的生活毫无意义，我会把我家的生活搞得一团糟，这太可怕了。

这样一来，我们就找到了焦小小"考试不好，意味着不再被爱、生活无意义"的核心歪曲信念了。由此可知，解决焦小小的"考试综合征"，需要改变她"不被爱、无意义"的信念。

三、图像替换，鼓舞孩子积极应考

有"考试综合征"的孩子，他们经常会在考试前夕幻想出非常可怕的考试失利场景，他们会不断地在脑海中描绘出详细、完整的考试失利的图像，比如试卷上的题目都不会，父母、老师、同学都在用严厉、失望的目光看着自己，等等。当孩子带着这样的图像走进考场时，其实已经陷入恐慌状态，他幻想的事情也很有可能会成真。

父母可以引导孩子用积极的、鼓舞人心的想象去替代恐惧的、灾难的想象，比如在考前引导孩子去想象他自信而又稳定地坐在教室里，正在流利、认真地做着卷子，卷面上字迹工整，父母、老师和同学都温柔地对他微笑，向他投来赞许的目光，等等。

❹ 拒绝升学：提升学业自我效能感，促进学习投入

案例：躺平，是不是躺赢

何利，14岁，男生，初中三年级。父亲因工作常驻外地，很少回家，何利和妈妈、爷爷、奶奶一起生活。何利从小学习成绩不好，爸爸对何利的学业期待很高，但由于不在一起生活，平时很少能够顾及他的学习。进入初三后何利突然出现厌学情绪，一周前向父母明确表达不想去学校了。父母不明所以，为此非常焦虑，带孩子前来咨询。

北方的夏秋就是这样，常常在晚高峰前突如其来地下一场雷雨，使本就拥堵的道路更加雪上加霜，拖住人们匆匆回家的脚步。我扭头看了看窗外，天阴沉沉的，即将到来的大雨并没有带来一丝凉意，反而让人感觉更加闷热，沉闷的雷声滚滚而来，轰隆隆的声音由远及近，压抑着这个躁动的城市。何利坐在我的对面，眼眶红红的，握着拳头一言不发，咨询陷入了沉默。

我安静地等着他，看见泪珠不停地在他的眼眶里打转，起身递给他一包

纸巾。何利接过纸巾丢在一边，愤愤地说："老师，我知道你们都是为了我好，但是我是真的不想上学了。你们谁都帮不了我。"说罢，他用手背抹了抹眼泪。

"我知道我帮不了你，不过我听得出来，你挺希望有人能够帮到你的，只不过你认为'谁都帮不了你'，对吗？"

"不可能有人帮得上我，我想要提高成绩，你们谁能帮我？"

"这个世界上，能帮助你的只有你自己，我所能做的只不过是帮助你知道，该如何让你真正帮助到你自己。"

"我也不知道该怎么做了。唉，那我就跟你说说吧。我爸整天就会说：'只要你努力，成绩就一定能提上去。'他根本就不理解这有多难。如果付出努力，成绩就能提高，那人人都考北大清华了！我就不是学习的料。既然我明明知道自己学不好，那我为什么还要学呢？"

"因为自己成绩不好，你就不想上学了？"

"是的，老师，我不想上学了。假如您明明知道一件事，无论怎么努力都做不到，那您还会做吗？"

"如果真的是件无论怎么努力都做不到的事情，嗯……或许我就不做了，我相信每个人的人生，都有不止一个的选择。"

"错，我们当学生的，就只有一个选择：考高中考大学。以前我跟您一样，觉得每个人都有不止一个的选择，不行我就考个职业学校学门技术，将来谋生肯定没问题吧。但现在我算是看透了，这个年代，不考大学我们没出路的。一想到这些我就烦。不学吧，肯定没出路；学呢，考不上大学结果也都一样。算了，轻松一天算一天吧。"

"据我所知，从小到大你的成绩一直都不是很好，为什么偏偏是现在，马上就初中毕业了，却突然连学都不想上了呢？"

"以前我想着，我虽然成绩不好，可怎么着也要把初中毕业证拿到手，努力考个好一点的职业学校，这不也能谋生吗？可是我爸总觉得我学习成绩不行就是不上进、不努力，因为这个还总是和妈妈吵架，说都是她把我惯成这样的。每次他们吵完架，妈妈都会偷偷躲起来哭，我看着心里特别难受，觉得都是自己的错。我爸还找来一堆亲戚、老师来劝我，听他们说得多了，我也觉得以前确实是自己异想天开了，这个年头考不上大学……唉，算了，我现在已经躺平了。"

何利走的时候，外面的雷雨还没停，我问他要不要等一会儿妈妈下班开车来接他，他冲我挥挥手说："不碍事儿，我自己回去就行，路上太堵了，还是让我妈下班早点回家吧。"话音刚落，空中又炸开一个响雷，我还没来得及给他把伞，他就头顶着书包独自冲入雨中，唰唰的雨声淹没了我的召唤。看着这个冒雨前行的男孩儿的背影，突然觉得他还挺勇敢、挺坚强的，并不像刚刚在咨询室里表现出的那样，好像很怕吃苦、很怕失败、很怕挑战的样子。

何利的爸爸是第二天早上受约来到咨询室的。谈起何利滔滔不绝，愤愤不平，一副恨铁不成钢的样子。原来何利爸爸常驻外地，平时很少回家，也很少能够关注孩子的学习。何利从小到大成绩都不是很好，可是何利的妈妈对爸爸从来都是报喜不报忧，所以一直以来，爸爸都以为孩子成绩还不错。现在何利初三了，面临中考，爸爸认为对于何利来说这是非常关键的一年，于是想办法把工作关系调了回来，这样就能陪在孩子身边，监督他的学习了。没想到回家后才发现，原来何利的成绩比他想象的差很多，还一门心思只想读职业学校。爸爸非常生气，认为是孩子不努力、不上进，于是天天向何利灌输"不考大学无出路"的观点。爸爸自己就因为缺少一张大学毕业证书，在工作中错失过很多机会，所以他特别希望孩子能够给自己争点气，好好学习，考个大学，也算是弥补了自己当年的遗憾。没想到，原本想要鼓励孩子努力上进的，结果何利却直接表态不想上学了，弄得爸爸又气又恨、束手无策。

关键词：自我效能感

通过何利和爸爸的表述，不难看出，何利厌学拒学的主要原因在于学业自我效能感受损。

"自我效能感"是美国心理学家阿尔伯特·班杜拉提出的，它是指人们对自己实现特定领域行为目标所需能力的信心或信念。而学生对自己能否成功完成学业任务所具备的能力的判断，我们把它叫作"学业自我效能感"。

自我效能感的获得包括两个途径：第一个是结果预期，就是相信自己能够做到，用第一人称的表述就是"这个目标我可以实现"；第二个是效能预期，就是相信自己能达成目标的原因，并不是因为运气或者环境等外在的因素，而是因为自身具备达成目标的能力，用第一人称的表述就是"我有能力实现这个目标"，因此才愿意施展能力，付出努力，为了达成目标而付诸行动。

学业自我效能感高的学生，更加相信自己有实现学习目标的能力，更加期待自己能够获得学业上的成功，能够激发出更高的学习动机，更愿意投入时间与精力到学习中来，更有可能获得学业上的最佳成就。相反，学业自我效能感低的学生，像何利这样，就很难投入学习，出现厌学、拒学的情况。

那么是什么影响了学生的学业自我效能感呢？

从结果预期上来讲，是否能够客观评估现实情况，能否制定合理的学业目标是影响学生自我效能感的重要因素。当目标太高、太难时，个体很难达到目标，这时他的自我评价就会很低，学业上一再的失败会削弱学生的学业自我效能感，更严重的则会灰心丧气、自暴自弃，出现厌学、拒学的行为。以何利为例，当他以职业学校为学业目标时，从结果预期途径来看，他是具有一定的自我效能感来支持他付诸学习行动的。因此，即便他的学习成绩一向不是很好，但是在合理的学业目标的引导下，他一直坚持着也要读完初中，将来考一所职业学校学门技术谋生。而当这个相对合理的目标被打破，新目标又过高、难以达成时，何利的学业自我效能感就受到了严重的损害，他便明确向父母表达不想上学了。

从效能预期上来讲，以下 4 个方面会影响到学生的学业自我效能感。

一是学习过程中的成败经验，这是对自我效能感影响最大的因素。何利从小学习成绩一直不好，而且他把成绩不好归因为"我就不是学习的料"。多年的学业不佳经历，以及对学业落后的内归因，造成了他学业自我效能感的匮乏。

二是学习过程中的替代经验。替代经验指的是虽然我自己缺乏成功的经验，但是我看到身边有与自己差不多水平的人取得了成功，那么我也更有可能相信自己也是有机会获得成功的。这就是我们常说的榜样的力量。在这方面要注意的是，肯定别人的成绩是能够成为替代经验，促进自我效能感的。而过分注重与别人的差距反而会打击到自我效能感，所以千万不要总是用自己的孩子来跟别人家的孩子做比较。

三是来自他人的积极反馈，如言语上的肯定。自我效能感高的人在生活中一定是经常受到别人的接纳、欣赏、关心、注意、拥护和重视的。而一个人如果经常被别人误会、羞辱、贬低、轻视、否定甚至孤立，是很难建立起积极的自我效能感的。因此，每当看到孩子的进步，要及时给予鼓励。鼓励时注意切合实际、不能夸大，如果能够在成功经验和替代经验的基础上给予孩子鼓励，效果会更好。

四是积极情绪。积极的情绪能够帮助人建立自信，使人感觉有能力迎接挑战。而何利的爸爸因为何利成绩的问题，经常和妈妈吵架，父母的争吵、妈妈的哭泣、压抑的家庭氛围让孩子产生了很多愧疚、烦躁、无助的感受，从而也降低了他的学业自我效能感。

 家长操作指南

一、不要利用孩子来实现自己未完成的梦想

很多父母说，孩子是父母生命的延续，却忘了孩子首先是他自己，更忘了孩子不是父母的克隆体或 2.0 版。自主是一个人对个人控制和自由选择的渴望。著名的发展心理学家和精神分析学家爱利克·埃里克森认为，一个人的自主性在他 1 岁半到 3 岁的时候就开始发展起来了。父母让孩子实现自己的梦想，无疑是对孩子自主性的剥夺。心理学研究认为，任何有损人们自主的事件，也就是让人们感到被他人控制的事件，都会削弱人们的内在动机。如果孩子发现父母总是逼迫他去升学，会让本来并不排斥升学的孩子产生反感。与此同时，如果家长对孩子的期待过高，孩子一旦感到"无论我怎样努力，都没有办法达成你的期待、你的目标"，就会严重损害孩子的学习信心，导致孩子对自己的未来感到绝望，从而放弃持续的

努力。

邀请孩子写出他对自己的期待或目标，把你对孩子的期待也写出来。对比一下，哪些目标和你对孩子的期待是一致的，哪些是不一致的？对于不一致的目标，请你听听孩子的说法。如果你现在无法接受，但至少也别急着反对，因为对于孩子来说，有一个他想要达成的目标，远比有一个别人想要他达成的目标重要得多。我们常说：计划是用来执行的，目标是用来达成的。而无论计划的执行，还是目标的达成，都需要由当事人负责——如果期待与目标是孩子自己的，孩子当然就更愿意主动负责。

二、运用 SMART 目标工具，协助孩子制定合理目标

SMART 目标工具是管理大师彼得·德鲁克早在 1954 年提出的，一开始用于企业中团队的目标管理。近 70 年来的实践证实，SMART 目标工具对于个人目标的管理以及教育领域的应用同样可行。"SMART"5 个字母各有含义，每个字母都是对目标设定的一项要求：

- Specific（明确的）指的是目标要明确；
- Measurable（可衡量的）指的是目标可衡量；
- Achievable（能做到）指的是通过努力，目标能够实现，目标挑战和"我"的能力能够匹配；
- Relevant（有关联的）指的是与制定目标的本人有关联；
- Time-bound（时间期限）指的是在具体的时间内实现目标。

设立目标时，以上 5 条要求必须全部具备，缺少任何一条都难以让目标达成。

父母可以学习这一目标工具并教给孩子，与他一起制定一个符合

SMART 原则的学业目标。一般来说，可以将学业目标的时间期限定为 8 周。对于何利来说，8 周目标制定为：期中总成绩提升 30 分。然后将目标按照 SMART 原则进行细化。

表 1-5 何利的细化目标（例）

标准	目标细化
明确	期中考试提分 30 分，平均每科提分 5 分
可衡量	与上个学期期末考试成绩相比
能做到	结合客观学业水平，补基础，做练习，能做到
有关联	是我自己想要达成这个目标，而不是爸爸的要求或老师的期待
时间期限	到本学期期中考试，历时 8 周

三、运用目标执行自检表让孩子自我管理学习

如果孩子完成了符合 SMART 的目标细化原则，父母可以协助孩子再制定一个 8 周学习目标执行自检表，用以培养孩子高学业自我效能感。在未来 8 周内的每一周，按照下面的格式，在手册的表 4 "目标执行自检表"中与孩子一起记录目标执行进展情况。这样不仅能够激励孩子将 8 周目标落地执行，而且能够帮助孩子在执行目标的过程中不断提升学业自我效能感，同时也可以使用自检表协助孩子进行复盘反思，总结经验，修正不足。

目标执行自检表可以清晰地让孩子看到自己每周的进步，帮助他积累学习过程中点点滴滴的成功经验。同时在完成这项操作的过程中，父母需要做的是，及时对孩子每周取得的成绩进行积极反馈。不妨将这张表格撕

下来，贴在醒目的位置上，一方面可以用以孩子的自我激励；另一方面，父母也可以参考孩子表格上的内容，及时给予孩子言语肯定，或是用送小红花、集印章等形式将一周取得的成绩可视化，这也是对孩子的一种积极鼓励。

表 1-6 何利的目标执行自检表（例）

时间	目标达成进展	遇到的困难	解决的方法	执行力总体评分（满分100 分）
第一周	每天按时完成作业；补习了数学的某知识点；英语课堂测验中，成绩良好	在完成周末作文作业时，题目太难没有思路	和同学讨论、读作文书籍，寻找写作思路	80 分
第二周	月考成绩比上一次月考提高了 8 分；利用早读时间，多背诵了20 个单词	早读时间容易犯困，没有老师监督时会走神儿、发呆	和同桌结对，每天早读互相检查单词背诵情况，互相监督提醒	85 分

⑤ 混日子：积极赋义帮助孩子走出心理防御

案例："我只是不学习，不是学不好"

亮亮，16岁，男生，高中一年级。升入高中以来，环境不适应，学习成绩下降。经常因为手机等问题与父母发脾气，大吼大闹、摔东西；自述常感烦躁、无聊，情绪缺乏稳定性，易被激怒；学习上挫败、自卑、回避，通过各种防御来保护自己。对此父母感到非常无力和焦虑，通过朋友介绍带孩子来做心理咨询。

初识亮亮是在一个充满阳光的冬日午后。亮亮和妈妈一起走进咨询室，暖暖的阳光透过落地窗照映在亮亮身上，一身浅黄色的运动服好像泛着金光。一个好温暖、好阳光的男孩儿：这就是亮亮给我的第一印象。

寒暄两句后，我表示需要分别与母子交谈，妈妈示意亮亮出去等她，自己留在了咨询室中。

"老师，亮亮这个孩子，我们是真的拿他没办法了……"说话间，妈妈流下了眼泪。我把纸巾盒递给她，她尴尬地冲我笑了笑，抽出一张纸巾擦干眼泪，稳了稳情绪开始讲述。

原来亮亮从小聪明伶俐，上小学的时候学习很好也很轻松，老师同学都非常喜欢他。升入初中后，分到了重点班。初中学习与小学是不同的，内容越来越难，作业越来越多，重点班的同学又都十分优秀，大家你追我赶，竞争压力极大。慢慢地，过去排名在亮亮后面的同学，一个个都超过了他。对此亮亮看上去一副无所谓的样子，对学习消极应付，每天就是玩手机、谈恋爱。初三下学期，面对升学压力，亮亮努力了一把，还算不错，考上了高中。但是上高中之后，亮亮心思完全不再放在学习上了，上课不听讲、睡觉，回家不写作业，还学会了抽烟喝酒，成绩一落千丈，多次受到学校和老师的批评，同学也把他当作另类，没人和他做朋友。看到孩子的状态一日不如一日，爸爸妈妈既着急又生气，但此时的亮亮已经完全听不进父母的话了。

和亮亮妈妈的访谈结束了，我把她送出咨询室，邀请在门外等候已久的亮亮进来。

"好好和老师谈。"在和亮亮两相交错时，妈妈用力叮嘱道。

"知——道——啦——"拖着长音的回答给人一种懒洋洋的感觉，好像还没睡醒，惹得我也忍不住打了个哈欠。

"砰！"随着一声力道极大的关门声，亮亮缓缓走进了咨询室。

和亮亮的初访比我想象中要好很多，至少在那"砰"的关门声之后，他还愿意坐下来和我聊聊。亮亮斜靠在沙发上，偏着头看向我，手机在手里翻来覆去不停地摩挲着。等了几分钟，他才开始向我讲述。

"我初中的时候有很多朋友，那时候人都很单纯。高中同学一天到晚只知道学习，太能装了。

"学校管理烂，教得烂，老师烂，事特多，总是针对我，迟到几秒就告状，太烦人了。

"我现在每天去学校就是混，不务正业……您问我为什么会笑？自嘲呗。

"我妈就是太爱唠叨了，什么都管，收手机啥的，烦死了。我知道她是担心我、为我好，可是她根本就不理解我，他们收走我的手机就是在逼我。

"今天我们这个就是心理咨询吗？如果是这样，和您聊聊也不错，反正我在家待着也是无聊，平时也没什么人能够这样聊天的，我的咨询目标就是希望心情能够好一些。"

和亮亮的初始访谈结束了，我们约定了下一周的咨询时间。之后，亮亮跟在他妈妈身后走出了咨询室，临出门的那一刻，回头冲我笑着眨了眨眼。

咨询前期，亮亮可以跟我聊他的女友、聊"王者荣耀"、聊偶像、聊审美……就是不聊他自己。我也一直在思考，是什么让他看上去每次咨询都是在"荒废"时间？又是什么让他每周都如约来见我？

有一次我问他："在学校这么无聊，如果是我的工作特别无聊，我可能就不干了，但你却一直坚持着每天都去上学。学校里有什么是即便如此无聊，都值得你去坚守的呢？"

当我提出这个问题的时候，出现了长时间的沉默，我知道那是亮亮在思考，我在等待他，后来亮亮轻声反问我："老师，您说谁不想考大学呢？可是我觉得，这对我太难了，我不知道如果考不上大学，我该怎么办，一想起这事就烦。"原来他一直坚守的就是自己考大学的理想，只是这太难了，难到他不愿意去面对。我们发现，亮亮在咨询室和他在学校的状态是一样的：他的"荒废"是一种回避的防御方式，是他在通过逃跑回避困境和烦恼；而他的"如约"从积极赋义的视角看，是他在坚守大学理想这个过程中的一次求助行为。

在这样一种全新的自我觉察下，亮亮慢慢放下了防御，开始学习专注于解决自己的自卑感和无力感，并试着认真学习。

关键词：积极赋义

亮亮在学校的消极表现，其实是他的一种防御。防御是一种心理活动，它通常是用以防止各种各样的念头、强烈欲望、情绪甚至其他的防御进入意识中。当人们的自我力量不足时，防御就会被情感反应所触发。防御的使用可以是有意识的，也可以是无意识的，它们经常被用于紧急情况下，但是也可能是慢性持续的。

比如在亮亮口中，是"学校管理烂、教得烂、老师烂"，而不是我"学得烂"，这样就能够在一定程度上维护自己的自尊，因为一切都不是我的错。

亮亮上课不听讲、睡觉，回家不写作业等行为，对于亮亮的意义是：我只是不学习，而不是学不好，这也是另一个维度的"维护自尊"。

主动告知"我每天就是混"，以这种自嘲的方式拒绝包括咨询师在内的其他人的负面评价，如"不务正业""不上进"等。这就好像一个人即将出席一场非常重要的演讲，站在讲台上非常紧张，演讲开始了，第一句话便是："亲爱的各位来宾，站在这里，此时此刻我的心情非常的紧张，双腿到现在都在发抖……"将自己的紧张暴露在观众面前，反而可以缓解他犯错的焦虑，因为接下来即便他犯错了，也已经提前获得了观众的理解，能避免受到更强烈的批评和嘲笑。

从亮亮的防御中，可以看出，亮亮无法接受的正是"我学习不好""我不务正业"。

初次访谈中，咨询师猜测，其实亮亮对自己是有很高的期待的，他希望自己能够有很好的学习成绩，希望能够考上大学，希望能够获得同学和老师的认可。只是现在事与愿违，但只要他坚持留在学校，这一切就还都有可能，因为留在学校代表着"坚守"理想。而亮亮种种格格不入的表现，只是害怕自己即使努力也无法实现考大学的理想，伤害自尊，因而采取的一种防御方式而已。

心理防御其实是对人的一种保护，对此，精神分析学家布莱克曼用了一个生动的比喻来形容。他说，灯泡代表自我，情绪代表电流，心理防御就是断路开关。当各种负性情绪过大时，就像电流过大可能导致灯泡过载而被烧掉。为了避免这种情况，就需要安装一个断路开关，而防御方式，就是这个人体的断路开关。

绝大部分防御机制的使用可以表现为适应性或不适应性两种。如果一种防御阻碍了个体的发展，说明它是不适应性的，需要干预的。而如果一种防御并不妨碍个体的发展，则说明它是有适应性的。对于不适应的防御方式，在没有更加适应的防御形成之前，贸然打破会使人受到伤害。

这就好像人体的免疫系统，还是孩子的时候，人体的免疫系统还没有发育成熟，这时扁桃体是免疫系统中非常重要的一道屏障，保护孩子的身体不受病菌的侵害，虽然孩子可能经常会扁桃体发炎，但是没有特殊情况医生还是不建议切除的。孩子慢慢长大之后，免疫系统发育成熟了，有必要时再做扁桃体切除术才是安全的。

因此，对于孩子呈现出的一些防御方式，父母如果不确定打破它是否会给孩子带来伤害，那么就可以让它静静地待在那里，直到有一天，孩子不再需要它而选择自动放下它。

⊙ 家长操作指南

一、觉察积极期待

请父母按照如下要求，在接下来的一个月里，记录自己的负性情绪爆发事件，每周至少记录一次，观察它们的特点，找到自己的期待。完成手册中的表5"积极期待检视表"。

（1）∨时间：想一想自己近期最强烈的一次负性情绪爆发，是在什么时候？

（2）∨事件：当时发生了什么事？

（3）情绪：当时你感受到怎样的情绪？

（4）情绪强度：如果用1～10分来测量这种情绪的强烈程度，会是几分呢？

（5）假如当时发生了什么，你的情绪就会平复了呢？

（6）这个"假如"代表着你怎样的期待呢？

（7）现实情况如果促成了期待的发生，请标注"+"，如果阻碍了期待的发生，请标注"–"。

表1-6 积极期待检视表（例）

序号	时间	事件	情绪	情绪强度（1～10分）	假如发生……	期待	实际后果（+/-）
1	某月某日	因为学习成绩下降，和孩子发生争执，并打了他一巴掌	愤怒	8	假如孩子能够心平气和地与我讲话，我将不会如此气急败坏	尊重的态度和有效的沟通	–

上面的例子，就是一个对积极期待的典型觉察方案。

有一个爸爸，因为孩子回家不写作业玩手机的事情，两个人发生了争执。当时孩子与他怒目相对，爸爸一气之下，打了孩子一巴掌。此后的几天，孩子看见爸爸一言不发，为此爸爸既后悔又恼火。他说："看见孩子怒气冲冲瞪着我、对我大喊大叫的时候，就觉得孩子一点儿都不尊重我，所以没控制住打了他，其实我多么希望我们是一对亲密无间又互相尊重的父子呀！"

通过完成积极期待检视表，爸爸发现，正是因为他和孩子都十分看重父子间的亲密和尊重，所以才会因为不被理解和不受尊重而感到气愤。他们只是不善于用积极的行为表达而已。

因为看到了自己的积极期待，这位爸爸对于临近冰点的亲子关系重新燃起了希望，从后悔和气愤的情绪中走出来，尝试与孩子进行沟通，并把我对他说的这番话讲给了他的孩子，两个人冰释前嫌，在咨询师的指导下学习积极有效的沟通方式，父子关系得到了很好的修复。

二、反转视角训练

请你认真地回顾自己的成长经历，尽可能写出目前你身上的种种缺点，填写手册的表6"反转视角练习表（家长版）"。然后尝试把视角反转过来，用积极的视角为它们赋予积极的意义，来看看这些"缺点"是否在某些时刻也在成就着你。至少写出5个来，这样可以让你更加熟练地运用反转视角来积极赋义，为下面帮助孩子积极赋义的操作做准备。

表 1-7 反转视角练习表（家长版）

序号	我的缺点	反转视角
1	例：遇事容易着急	做事不拖拉，果断

三、与孩子共同完成反转视角训练

请带着你的前两项作业，和孩子一起分享自己的收获。孩子见到父母竟然能够正视自己的缺点，一定觉得你非常了不起。享受这个时刻吧！然后邀请孩子在手册的表 7 "反转视角练习表（亲子版）"中写出他自身的不足，并由你来对他的缺点逐一完成视角反转，实现积极赋义。同样地，至少写出 5 个，要习惯于为孩子进行积极赋义。

记住，一定要让孩子写出他自身的不足，而后由你来进行反转视角的积极赋义。因为如果由你提出缺点，孩子可能会像以往一样，感觉你是在批评他。而孩子自己对缺点进行积极赋义，可能会让你觉得孩子依旧不思悔过、不可理喻。

通过这样一种与以往完全不同的沟通模式进行反转视角练习，可以帮助你们端正心态，改变以往对对方的态度，并让彼此感受到对方的变化，相信这会带给你们双方丰富的新鲜体验。

Part 2

人际关系篇

校园欺凌　　　　　　社交焦虑

师生冲突

追星

所谓早恋

① 校园欺凌：不否认，不指责，不压抑

案例：躲在"泡泡"里的男孩儿

小贝，17岁，男生，高中一年级时休学，休学后的一年里，除了剪发、购买电脑设备和参加心理咨询，几乎从不出门，每天把自己关在房间里，打游戏、看小说、追番1，不主动与同学、朋友和亲戚联系，几乎不回复大家的消息，也极少接电话。即使是同一屋檐下的父母，也很少坐在一起吃饭，更不要说聊天交流了。在这些行为和表现背后，很多人不知道的是，小贝从小学开始直到高中，断断续续承受了多年的校园欺凌。

某一天，我正随意地调换着电视频道，手上的动作突然停了下来，电视上在播放《泡泡男孩》这部电影。电影中的小男孩因为天生的免疫缺陷疾病，不得不终日生活在无菌的圆形气球里，被他人称为"泡泡男孩"，这让我不由得想起了那个躲在"泡泡"里的男孩儿——小贝。

---

1 追番：指持续观赏正在更新的漫画、动漫等文艺作品。

印象中的小贝总是戴着耳机，坐在某处。即便是坐着，也能感觉到这个留着短发的男孩很高大。从我进入咨询室到坐下，他始终都没有看我一眼，似乎沉浸在自己的世界，让我不忍打扰。

"我买了理发器，头发长了就自己推，这样就不用为了理发出门了。只要我不出门，不跟人们相处，我就不会惹到麻烦了。"他一字一句地说。

小贝是家里的独子，他善良，拥有自己的喜好，不会盲从跟风小伙伴玩的游戏，多年来一直玩着自己喜欢的小众游戏，从小就长得比同龄人高大健壮。二年级时，班级排着长队下楼去操场做课间操，一名男同学猛地推了小贝一下，小贝下意识回推了他，结果这个同学摔在地上，胳膊和膝盖破了皮，有的地方还出了血。老师闻声而来，小贝吓得愣在原地，解释的话一句也说不出。小贝的爸妈都是老实人，知道自己的孩子不是会故意欺负别人的人，但还是严肃地批评了小贝，坚持带着小贝去同学家赔礼道歉。

"我当时很困惑，不知道自己到底应该怎么应对，爸妈的态度让我觉得自己好像真的是做错了。"他低着头，眼睛盯着地面，轻声说。

这次事情之后，小贝有点不知道该怎么和同学们相处，他渐渐不愿与人接触，自己独来独往，加上自己的兴趣爱好跟同学们总是对不上，慢慢地也没什么人跟小贝聊天玩耍了，同学们似乎也在无意中疏远、忽视小贝。

而且，班里几个调皮的男孩总是欺负小贝，从最初给小贝起外号、嘲笑他，慢慢发展为肢体上的摩擦。直到某一次考试，他们造谣小贝作弊，这一次小贝终于忍无可忍，挥起了拳头，但他突然想起了那次解释不清的经历，举起的拳头在空中停了几秒，垂了下来。小贝不敢保护自己了。这些男孩似乎察觉到了小贝的纠结与挣扎，越发频繁地欺负他。

"我不敢还手，我担心最后又是自己变成了坏人，还要去赔礼道歉。是不是个子高就是我的错？长这么高大一点用处都没有！为什么我的爸妈不站在我这边？一开始我告诉他们了，他们只是跟我说，这些只是同学间逗着玩罢了，叫我不要放在心上。再到后来，他们干脆让我忍一忍，我就再也不跟他们说了！"他抬头看着我，红着眼眶，悲伤地说。

随着年龄的增长，小贝的身材依然高大，但内心那个受伤的小男孩并未消失，伤口仍未愈合。受欺凌的经历致使小贝无法较好地融入班级、和同学老师相处，慢慢地越来越被边缘化。被欺凌和孤立的情况断断续续地存在着，小贝却再也没有告知过父母或老师，始终自己默默地承受着这一切。直到高一的某天早晨，小贝再也承受不住了，躲在房间，说什么也不肯上学。此后长达一年的时间里，他再也没有去过学校，办理了休学。在他心里，只有留在家里，躲在"泡泡"里，才是安全的。

关键词：欺凌

说起欺凌，你会想到什么？

"我们真没想到会是这个样子，我们以为只是孩子间闹着玩，小孩子总是打打闹闹的嘛，我们还告诉他，不要这么小心眼儿，把心思放在学习上，无视他们就好了！"咨询室里的家长往往这样感叹道，带着一脸不可思议的表情。

有的时候，当孩子们终于敞开心扉，向父母倾诉自己经历的伤痛和那些暗无天日的日子时，家长并不能够很好地反应过来——我的孩子可能遭遇了欺凌——因为在他们的意识里，"欺凌"这个词语很陌生，离自己的生活很遥远。但更多的情况是，受害者往往会遭受"你要是敢告诉老师、告诉家长你就死定了"的威胁，为了不遭受更严重的欺凌，他们选择自己一个人去承受。事实上，欺凌普遍存在于校园各处隐秘的角落，却常常被家长所忽视。

欺凌，也叫霸凌，它有两个主要特征：

① 欺凌往往源于双方权力、地位和关系上的不对等；

② 欺凌不是无心之失，而是有意为之，是故意的行为。

此外，我们需要了解关于欺凌的两个事实，第一个事实是欺凌的发生要比我们想象中频繁得多，也普遍得多。欺凌既有可能是言语上的，例如起带有侮辱性的外号，使用羞辱性的语言当面或背后嘲笑、讽刺、诅咒，言语上的威胁恐吓等；也有可能是肢体上的，例如暴力行为，通过肢体动作恐吓、伤害他人、勒索财物等；还有可能是社交上的，例如故意忽视，离间破坏同学间的关系，集结他人一起排挤孤立，散播关于他人的谣言等；甚至有可能是通过网络进行的，例如恶意散播他人图片制成的表情包，在网络上发布有关侮辱或伤害他人的视频等。这些欺凌有时已经深入校园生活的日常中，甚至受害者本人都已习惯这种现象。

第二个事实是欺凌的后果，远比想象中严重得多。欺凌可能会造成一个人出现睡眠问题，感到缺乏自信，自尊水平降低，导致认知功能受损，如记忆力下降、注意力不集中等，影响正常学习；或者转过头来，加入欺凌者团伙，对他人施暴。更为糟糕的是，经历过欺凌的孩子，有更高的抑郁风险，严重的欺凌行为甚至会对孩子的心灵造成创伤。由于无法去上学而来到心理咨询室的孩子们中，遭受欺凌的受害者占了很大一部分。

在欺凌事件中，存在着欺凌者、被欺凌者和旁观者三种角色，每一个孩子都是其中的一员。毋庸置疑，被欺凌者是最常出现在咨询室中的角色，被欺凌的经历成为压在他们心中的石头，压得他们动弹不得、无法喘息，那些痛苦的回忆一遍遍敲击他们的心门，逃离与摆脱欺凌是他们心中唯一的渴望。欺凌行为非常恶劣，但与此同时欺凌者也是需要被帮助的对象。很多欺凌他人的孩子也曾有过被欺凌的经历，他们在原生家庭中感受不到温暖与爱，甚至生活在暴力中，耳濡目染了不恰当的行为方式。旁观者也是我们不容忽视的一个群体，也许是迫于同伴的压力，也许是出于自我保护的想法，也许是习惯性的回避与逃离，但仅仅是目睹欺凌的行为，也可能给孩子带来负面的影响。

家长操作指南

一、正确地看待欺凌

无论是孩子还是家长，第一次面对欺凌时，内心大多都是一片茫然的，不知道如何应对，不知道如何帮助孩子，甚至不知道如何理解这个事情。因此，在这个时刻，家长对待欺凌的态度就显得尤为重要。

1. 不否认

如果孩子以直接或间接的方式，表达自己被欺负了，甚至是被欺凌了，这时你千万不能以"大事化小，小事化无"的态度去回应孩子，而是应该认认真真地好好倾听孩子的表达，去了解整个事件的来龙去脉。一旦发现孩子确实遭遇了欺凌，应该承认并且正视欺凌事件的存在。我们不能随随便便给可能存在的欺凌经历安上"开玩笑"或是"闹着玩"的帽子。身为家长，首先需要清楚一点——孩子能够鼓起勇气告知家长欺凌事件的发生，不仅是对你的信任，也是孩子在拼命抓住最后一根稻草向你求救。

如果这个时候贸然推开孩子，去否认孩子的感受，去否认孩子的痛苦经历，就等同于把已经苦恼或痛苦的孩子推向更加痛苦的深渊。

2. 不指责

当你做到了第一步的不否认，和孩子一起面对欺凌事件，并进一步了解事件的来龙去脉和细节之后，就要做到不指责孩子的反应和处理。咨询室中常常会有一些孩子倾诉，当他们跟父母讲述他们的欺凌经历时，有时候父母可能会回应："一个巴掌拍不响，你肯定也有问题，你好好想一想你做了什么，不要总是抱怨别人的行为。"又或者有的父母会说："你怎么这么厌？打回去就好了啊，看谁以后还敢欺负你！"孩子在此时此刻经历了欺凌，他现在的内心十分痛苦和无助，这个时候绝对不是对孩子进行批评教育，甚至是指责打骂的时机。如果这个时刻对孩子进行指责，可能会让他们心门紧闭，不再愿意向他人倾诉或者是寻求帮助，从而失去了自我保护的重要机会。哪怕孩子在其中有过错和瑕疵，只要家长和孩子一起去面对欺凌事件，本身就是最大的支持。

3. 不压抑

现在你已经做到了不去否认孩子被欺凌的经历，不去指责孩子在其中的回应和处理，最后要做到的就是不压抑孩子的情绪和感受，也不回避谈论相关话题。了解整个欺凌事件的始末之后，你需要好好陪在孩子身边，耐心、细心地和他沟通，商量可能的处理方式以及解决办法。我们需要去跟孩子商量：是否跟欺凌者及其父母进行交涉，是否去跟在场的同学、老师进一步了解情况，是否跟班主任、政教处等学校管理方进行交流，孩子希望怎样去处理，希望以怎样的态度和方式去处理，等等。去倾听孩子的声音，在不违背孩子的个人意愿的前提下支持他，提供可能的办法和思路。此外，孩子在经历了欺凌事件之后，可能会在一段时间内，反复体验到痛苦的情绪和回忆。这个时候不要告诉孩子不去想它，慢慢淡忘。面对痛苦的情绪和回忆，我们最常用的方法就是压抑。你可能会跟孩子说，不要总是想这件事，甚至回避跟孩子讨论相关的话题。但是很遗憾的是，心理学研究已经发现并证实，这样的方法并不能够真正驱赶那些在我们脑海中的痛苦回忆和经历。即使某些时刻成功地压抑住了痛苦的情绪和记忆，这些没有被妥当处理的部分也会在未来的某个时刻，像洪水猛兽一样再次涌来。

如果面对这些情绪和记忆，既不能压抑，也不能遗忘，能怎么做呢？下面的两个方法可以为你提供思路。

二、正念练习获得放松

生活中，一些特定的事件、经历和互动会留在人们的脑海里，每当我们想起时，情绪就会被牵动，甚至爆发。例如孩子经历了欺凌事件，当他有意或无意地想到这个事件的过程或细节时，就可能让他感到悲伤、愤怒与无助。正念强调有意识地不带批判性地感受与觉察当下的一切，对自己内心、身体和周围环境中正在发生的事情进行观察、倾听和感知，而不是立即做出回应，既不陷入对已经发生的损失与过错的悔恨中，也不陷入对未来可能发生的灾难的假设中。因此，孩子通过正念练习可以接受自己不能改变的东西，并且看到什么是可以改变的，同时在这个过程中获得身心的放松。

正念是可以培养的，但它需要不断的练习。在这里需要特别注意的是，无论是情绪的缓解与消散，还是正念练习的学习与适应，都是需要时间和过程的。如果孩子在一开始不愿意参与到正念练习中，你也不必强迫他或是感到沮丧。家长可以先去学习和感受以下的练习，并在这个过程中觉察自己的情绪、感受与想法。因为家长也同样可能面对或者曾经面对欺凌事件，不可避免地经受欺凌旋涡的席卷，家长自身也是有各种各样的情绪和感受的，甚至也被痛苦的回忆所折磨。所以当家长通过正念练习，获得了自身的放松之后，不仅可以以更好的状态与孩子一起面对欺凌事件，做好支持者的角色；而且可以以感受者的身份向孩子介绍和讲解正念练习，通过自身的改变带动孩子一起投入正念练习中。

下面提供 3 个正念练习，以便大家在家中与孩子一起感受和使用。

1. 腹式呼吸

当你心烦意乱时，你的呼吸会变得快而浅，通过有意识地放慢呼吸，将空气深深吸入你的腹部，你向身体传达了一切安好的信息。

找一处安静的地方，确保自己 5 分钟之内不会受到打扰。坐直，将一只手放在胃部。闭上眼睛，用鼻子慢慢地深深吸气，像吹气球一样扩张你的胃，感受胃推开你的手的方式。接着，慢慢地用嘴呼气，感受你的手再次向内移动的方式。继续深长而缓慢地吸气和呼气，感受手伴随每次呼吸的内外移动，感受身体逐步放松的方式。你可以每天都享受几次这样 5 分钟的安静时光。

2. 五感练习

闭上眼睛，像上一个练习中的那样进行腹式呼吸，同时做以下练习。

首先用 30 秒专注于你的鼻子所能嗅到的任何气味，再转向你所听到的任何声音，然后是口腔中的任何味觉，接着是来自身体内部和外部的任何触觉，最后睁开双眼，花 30 秒左右的时间专注于你所见之物。注意每当有想法突然浮现在你的脑海时，去觉察它，然后让注意力重新返回你所关照的任何感觉上。

3. 白屋冥想

在念头或想法流经大脑时，觉察和审视它们，并试着训练自己去标记和分类自身的思想。

坐下来，闭上眼睛，想象头脑是间空荡荡的白色房间，带有两扇门。你的思想从一扇门进入，自另一扇门离开。随着每种思想穿越房间，冷静地观察并标记它："失落""同学""我很丢脸"等，诸如此类。注意思想没有迅速离开白色房间，并逗留在你脑海中的情况，这意味着你开始觉察你的思想了。

三、引导孩子通过表达性写作修复创伤

在开始表达性写作之前，先做一个正念练习，可以选择以上 3 个练习中的任意一个，以放松身心。你可以邀请孩子在 7 天里完成表达性写作，如果这 7 天可以连续进行是非常好的；而如果由于各种各样的原因，在不连贯的 7 天中完成表达性写作也没有关系。表达性写作是可以重复并持续进行的练习，无论以怎样的形式完成它，或是完成到了其中的哪一步，相信孩子都将会从中有所收获。你可以用下面的内容指导孩子完成表达性写作。

第一至第四天：

请用纸和笔详细记录你所经历的创伤事件，也许你喜欢用手机或者其他电子产品来进行记录，在这里我想邀请你使用传统的纸笔记录的方式，我相信将会带给你不一样的感觉。在接下来的连续 4 天里，每天坚持写至

少 15 ~ 20 分钟。请确保我们把写好的记录放在一个只有自己可以接触到的安全的地方。在整个写作的过程中，试着释放并且探索对这些创伤经历的最深的想法和感受，可以把这段经历和生活的其他部分联系起来，也可以只集中在一个特定的领域，可以在接下来的 4 天里写同样的经历，也可以写下不同的经历。

请注意，这是我们第一次进行表达性写作，况且直面创伤和相关的情绪以及记忆通常会让我们感到不舒服，因此，我们可以提前为自己准备安全和值得信赖的环境。此外，也鼓励我们可以从相对不那么强烈的记忆、情绪和事件开始，慢慢地转向更强烈的部分。如果在回忆和写作的过程中，变得焦虑或者是感到不舒服，可以使用上述 3 个正念练习中的任意一个来帮助自己放松。在整个表达性写作中，我们关注的更多的是写作的过程，而不是它的结果，所以将自己交给我们的心，自在地写下内心想表达的任何部分吧！

当完成了这 4 天的表达性写作之后，希望我们可以问自己两个问题，并且认真思考它的答案：写作中最困难的部分是什么呢？在整个写作过程中，哪些部分让自己感到反应强烈，或者是有想要刻意回避的感觉呢？到这里，已经完成了 4 天的任务，那么，就在此刻可以停下来，好好地感谢和认可那 4 天中努力的自己，为自己鼓掌、加油，好好地奖励一下自己，做些让我们感到开心或放松的事。

第五天：

我们将要为你与挥之不去的记忆、情绪和事件之间创造心理空间。想象你是一名记者、摄影师或者是纪录片的导演，以第三人称的视角进行描述。试着让第三人称的表达少一些个性化、多一些中性的成分。这种方法让你用第三人称的视角来描述之前你写下的事件，也就是说不要用"我"。这种方法可以让你和整个事件有一些距离，给你一个机会来修正你的感觉和你的记忆，而不是简单地回忆它。

第六天：

当你沉浸在负面的情绪、记忆和事件中时，你不太可能注意到情境的方方面面，因为你的思维变得狭隘，经过了 5 天的练习，你与那些痛苦已经有了一些距离，你已经做了很多的努力。下面我邀请你首先选择 3 个正念练习中的任意一个来帮助自己进行放松，然后试着回忆你写下的事件中所有细微而美好的小方面。痛苦的经历哪怕让你无意中错过了一些积极的方面。这个练习的重点是承认并且写下那些任何可能是微小、积极的方面，尽可能地远离消极的方面，这些积极的方面可能是你最初错过的。在这样做的时候，想想你生命中重要的价值观，并把它们注入你的修正记忆中。

第七天：

到了这一步，你已经完成了 6 天的任务了，真的非常棒！接下来我们只剩下最后一天的任务，也就是表达性写作中的最后一步——转移注意力。经过了前面的练习，你已经能和那些情绪、记忆拉开一些距离了，并且能够发现其中微小的、积极的方面，与此同时这些情绪和记忆仍然可能会在未来的某个时刻出现在你的脑海中，尤其是当你有压力、情绪不佳或者是遇到相关类似事件的时候。以上情况均是正常的，我们不要在这些时刻苛责自己。此外，一旦情绪和回忆被触发，我们可以通过转移注意力来帮助你更好地应对以上的情况。试着将你的注意力转移到你感兴趣的身体或认知任务上，我想来邀请你写下 3 种体验式的、吸引你的、动手的和复杂的活动，你越早把注意力转移到这些活动中，就越容易停止那些情绪和记忆，转移注意力的频率越高，越能更好地识别触发以上情绪和记忆的线索。这样你就能很快地抓住它们，把注意力转移到更健康、更适应环境的行为上。

② 社交焦虑：树立合理的社交期待

案例：我不想成为聊天黑洞！

　　小安，13岁，男生，初中一年级。从小没让父母操心过，按时上学放学、完成作业，父母对他也没有过多的要求。初中后，父母发现小安好像没什么朋友，鼓励他出门也被拒绝。父母本身不太擅长社交，朋友较少，生活大多围绕着家庭和工作，因此看到孩子这样很担心。小安在小学时还能勉强交上朋友，虽然并不交心，但总算还有玩伴。初中孩子们渐渐长大，交友比起小学更加私人化和个性化，小安越发觉得自己无法加入同学们的话题，无法跟他们成为朋友，孤独的同时也有深深的挫败感。

　　看到小安的状态，父母十分担心，提议进行一次心理咨询感受一下。父母告诉小安可以在隐私被保护的前提下，随意跟咨询师谈一些他想谈的内容。小安没有拒绝，于是我在咨询室见到了他。

　　第一次见面，小安显得有些局促不安，眼睛快速扫视整间咨询室的同时，极力避免看向我，一只手轻轻地抠着沙发的坐垫，另一只手摆弄着卫衣的带子，似乎想要说点什么，却又难以开口。我没有着急，也没有提问，微笑着看向他，静静地等待着。

　　"我，我没有朋友。我从来没有过交心的好朋友，小学时大家都在一起玩，这时候还好；五六年级时，大家就渐渐跟自己关系好的同学一起了，我没有固定的特别合得来的朋友，不过那时学业忙一些，感觉上还可以；上了初中后，全新的环境，交朋友更难了，大家一起聊天，我不知道该说点什么，总感觉自己一说话就冷场。很多时候我都是一个人待着，一个人吃饭，一个人上厕所，我很担心别人怎么看我，在他们眼里，我会不会就像一个怪胎，所以下课我就尽量写作业或趴在桌子上睡觉。偶尔会有同学跟我说话，不过也没有什么好聊的。我有时也想跟同学说点什么，甚至是倾诉一下，但是我真的不知道应该怎么说、怎么做！我不想成为聊天黑洞！我感觉爸妈也很苦恼这件事，虽然他们从来没对我提过具体要求，但是他们经常打听我在学校的人际情况，休息时也总是问我要不要约同学出去玩。我偷偷听过他们两个人讨论，说是害怕我重蹈覆辙，像他们一样没有朋友。"小安悻悻地说，推了推眼镜，低垂着头，身体微微前倾。

　　"最开始的时候，我还尝试告诉我的父母，我当时真的没有办法了，想听听他们的建议。他们听得很认真，也非常理解我的感受，他们说他们自己在学生时代也没有什么朋友，总是独来独往，也会感到孤单和苦恼，因此把精力放在了学习上，转移自己的注意力。他们又说，上了大学就好了，毕业，工作，结婚，紧接着有了我，日子被推着走，慢慢就习惯这种没有朋友的感觉了。虽然他们也羡慕身边的人在闲暇时有朋友聚会，在单位跟同事说说笑笑，但是自己已经独来独往了几十年，也不知道怎么改变或是还能做点什么。父母真的很心疼我，也很担心我，可是他们也确实无能为力，除了告诉我上了大学之后也许会好一点之外，他们也没有什么更好的办法和主意。所以，他们才想着试试心理咨询。"他抬头看着我，眼睛里有恐惧，也有期望。

小安在不善社交的家庭中长大，父母对社交有心无力，无法提供给小安社交的示范或经验；小安不能在家庭生活中观察和学习到社交的方法，加上自身性格的限制和对社交的渴望，反而弄巧成拙，让自己在社交中备感压力，想要交友的心无处安放，却又不知该如何表现和表达出来。

此时，我明白了父母让小安尝试咨询的良苦用心，也明白了小安想要改变的希望和勇气。

关键词：社交焦虑

人是社会性动物，我们每个人都有想成为某个群体中一部分的愿望。我们希望融入这个群体，并被这个群体所接受，我们也希望可以获得群体中同伴的喜爱，这是人类的基本需求之一。在满足这个基本需求的过程中，人们可能会由于各种各样的原因感受到社交焦虑。社交焦虑是指存在于社交方面的焦虑情绪或倾向。每个人在成长的过程中，都曾或多或少地体会过这种社交焦虑。

就像小安的故事中说的那样，社交焦虑可能会在父母与孩子的代际间传承。首先，孩子可能在生理上遗传到父母的气质类型与人格特质，比如说内向、害羞等。其次，孩子可能会从父母的言行与表现中感受和学习到社交焦虑。如果父母在社交场合和互动中表现得很紧张，甚至是言行上的回避，那他们的孩子可能会耳濡目染，认为社交场合和互动充满挑战，是危险和恐怖的。因此，他们长大后也会更容易对社交场合和互动感到紧张，担心自己的表现，进而感受到社交焦虑。此外，如果父母不擅长社交，他们可能也并不擅长在夫妻关系或亲子关系中的言语交流和表达，也就没有较多的和较深入的沟通，那么，在家庭中也相对缺乏言语沟通的示范与环境。在这样的背景下成长起来的孩子，会更容易在社交中受挫和感受到社交焦虑。

虽然社交焦虑与家庭代际传承、气质类型、人格特质等先天因素有关，但是后天因素对社交焦虑的影响也不容忽视，甚至更为重要。例如在公开场合遭受的屈辱经历或是创伤事件，被老师不当责骂或是被同学取笑孤立，抑或是忽视、过于保护与过于严厉的家庭教养方式等，都可能影响一个人的社交，并且更容易产生社交焦虑，尤其是在一个人初入一个全新的环境，或是同时承担其他压力和感受较多负面情绪的时候。

很多时候，无论是社交焦虑，还是其他的焦虑情绪，有一个容易被人们忽视的负面影响，就是针对这种焦虑本身产生的焦虑情绪。也就是说，有社交焦虑的孩子可能一开始对社交情境和社交互动感到焦虑，渐渐认为自己不善社交有社交焦虑，并为此感到焦虑，甚至对为什么自己会对社交有较多焦虑感到不解和焦虑。可以设想一下，如果你认为自己不善社交，你可能会越来越在意自己在社交场合的表情、神态、动作和语言等，也会慢慢希望能够在社交场合有良好的互动和表现，给大家留下一个好的印象，不让大家感受到你的社交焦虑和你的窘境。可是所有这些念头、想法，乃至给自己打的"不善社交"的标签，反而都在无意中带来了压力，让你产生了社交焦虑。因此，在这个时候，你心里担心的可能已经不再是如何跟其他人社交互动，而是不要表现出社交焦虑。长此以往，当你想到社交，你可能会感到恼火与受挫，渐渐地体会不到社交的快乐，丧失对社交的兴趣。这种对社交焦虑的焦虑，为你的社交带来负面影响，并最终形成一个负面循环。

一、树立合理的社交期待

一个人谈笑自若就能交到真心的朋友吗？

一个优秀的人一定是擅长社交的吗？

一个人真的需要那么好的社交表现吗？

……

当然不是！很多时候，一个人在意自己是否善于交际，是否存在社交焦虑，是因为他们心里对社交有着太多不合理的期待。这些潜意识，给他们带来了沉重的压力和负面影响。

试想在一个特殊的社交场合，例如演讲，在演讲过程中也许会忘词，某些地方有些重复和结巴，用词没有那么恰当、优美，表情不够丰富，身上穿的衣服轻微褶皱……但是以上所有的这一切并没有那么大的关系。绝大多数时候，听众并不会那么在意，更无法记住你在整个过程中的所有细节。可是，当你秉持"我在社交中不应该出任何差错，这样才能得到认可和喜爱"，或者"我必须有很多朋友才说明我是个不错的人"时，你就给自己施加了巨大的压力。所以，如果人为地将自己的社交期待设置得过高，社交表现只要稍稍不符合期望，就都将之视作负面的和糟糕的，你对它们的记忆也会跟负面情绪捆绑在一起，长此以往，你会对演讲、聊天、沟通、讨论等社交活动，产生一种强烈的排斥心理，社交焦虑就诞生了。

因此，面对孩子的社交焦虑，我们需要做的第一步就是树立合理的社交期待。首先应该对自己的社交表现树立合理的期待，每个人都有自己的社交方式和习惯，每个人也有自己的社交需求和期待，不过分苛责自己，不盲从交友潮流，用自己最舒服的方式去进行社交，才更容易体会到社交最原始的快乐。当父母能够树立合理的社交期待，接纳自己的社交表现后，父母就能更好也更容易地帮助孩子树立社交期待，而不至于将自己未完成的期待传递或强加到孩子身上。例如前文中的小安父母，他们通过咨询意识到由于他们对自己成长过程中的社交经历感到遗憾和不满，他们才会对小安的社交特别关注，无意识中期待小安可以在社交上大大超越父母，甚至表现得如鱼得水。他们的这个期待虽然从未明确说出口，但一直体现在他们对小安社交问题的关注和处理上。他们回忆说，他们会旁敲侧击小安在学校的人际和交友情况，对于小安的回答，他们常常唉声叹气，甚至比小安还要着急和焦虑。

接着，我们需要帮助孩子树立基于他个人情况的合理的社交期待。小安的父母在处理好自己的社交期待后，陪伴着小安厘清了他的社交期待。小安虽然内向、不善言辞，但是他对编程特别感兴趣，小学时曾经学习过两年少儿编程，在编程班里会跟一个同样热爱编程的男孩时不时聊聊天。当小安的父母告诉小安，他不需要成为人见人爱的社交小能手之后，小安轻松了不少，长吁一口气说："太好了，我终于不用费尽心思，想着怎么跟同学聊那些我不感兴趣也不擅长的话题了。"随后，小安加入了学校的编程社团，定期地参加社团活动，和社团几个志同道合的同学成了朋友。几个月后，小安告诉我，他虽然还是没有那么多的朋友，但他也不觉得有任何问题，现在的朋友对于他而言就足够了，他很珍惜，也很快乐。

二、探索和明晰孩子的社交焦虑触发点

10 个社交焦虑的孩子，可能有 10 个不同的社交焦虑触发点。了解孩

子独特的触发点，可以帮助他更好地面对社交焦虑，增强改善焦虑情绪的信心，并最终缓解社交焦虑。你在哪些情境下更容易感到社交焦虑呢？你在什么人面前更担心出现社交焦虑呢？你的社交焦虑的出现有哪些特定的时间规律吗？有没有哪些话题使你比较容易感到社交焦虑？社交焦虑时你在想些什么？曾经有哪些有意或无意的方法帮助你缓解了社交焦虑呢？想象一下，如果社交焦虑消失了，你会有什么不同呢？这些问题都可以帮助你更好地探索自己的社交焦虑触发点。

下面以小安为例，分别从情境、对象、时间、话题、想法和有效方法6个维度进行思考和整理。附赠手册的表8"社交焦虑触发点记录表"供读者填写。

表 2-1 社交焦虑触发点记录表（例）

序号	情境	对象	时间	话题	想法	有效方法
1	大家在分享最近玩的游戏	同班同学	课间	游戏	我不会玩这个游戏，不知道和大家聊什么，大家知道我不会玩会不会不愿意和我聊天	认真聆听同学的分享，坦承自己不懂游戏，邀请同学分享自己的游戏体验和感受

你可以让孩子根据以前的经验，回忆引起他社交焦虑的触发点，填写到相应的部分。也可以通过事后回溯的方式来填写此表。在孩子经历社交焦虑后，陪伴孩子回顾他在过程中的反应和表现，梳理出触发他社交焦虑的线索。表格上方的问题可以引发孩子的思考，帮助孩子更好地完成表格的填写，因此可以让孩子在填写过程中进行自我提问，或是由你对孩子进行提问。这个表格帮助孩子了解自己社交焦虑的特点和规律，并为之后的

缓解和解决打下坚实的基础。通过记录社交焦虑触发点和上述的提问，小安觉察到自己面对没那么熟悉的人和情境时更容易产生社交焦虑，谈论自己擅长的话题时焦虑情绪会大幅减少，在自己本身情绪不佳或状态不好时，社交焦虑的情况会更严重，由焦虑引起的想法也会更加负面、不合理。同时，随着记录的不断积累，小安发现，自己对社交焦虑的焦虑往往只是庸人自扰，那些糟糕的想象最终并没有发生。这些记录不仅给小安提供了真实的焦虑信息和可以借鉴的解决方式，还增加了小安在社交上的自信，他慢慢地放下了一些不必要的焦虑，得以将更多的注意力投入真实的社交互动中。

三、通过角色扮演进行社交练习和实践

当你清楚了自己的社交焦虑触发点，掌握了有关社交焦虑的大量信息后，就可以开始通过角色扮演对社交进行预演和练习了。现实生活中的社交发生得快速而又变幻莫测，其中有许多不可控的因素，每个人在社交生活中都会经历拒绝和挫折。因此，孩子可以通过角色扮演，在相对安全和可控的情况下，逐步熟悉和练习如何进行社交。

你可以根据孩子的社交焦虑触发点，事先和孩子一起准备相关的社交场景，场景的假设可以在情境、对象、时间、话题、想法和有效方法这6个维度的基础上，不断细化和具体化，逐渐搭建出供孩子练习和实践的独一无二的社交场景库。比如如何邀请朋友一起玩、如何向老师请教不会的题目、如何和不熟的同学打招呼、如何向陌生人问路，等等。社交场景确定后，就可以进行角色扮演的练习了。

可以先从简单和易于处理的场景开始。孩子扮演自己，家长扮演场景

中的互动者，一起完成选定的社交场景。如果在角色扮演过程中遇到困难，例如不知道如何应对，可以暂停下来，跟孩子一起探索和商量可能的回应方式和解决方法。比如，可以通过网络收集相关的信息，也可以求教周围的亲人朋友，还可以学习书籍和影视作品中相关角色的处理方式。角色扮演除了孩子扮演自己，家长扮演互动者外，还可以有很多种形式。例如父母扮演孩子，孩子扮演互动者，或者孩子和父母都脱离自己的身份，扮演大众生活中的角色，进行社交场景的演练。

小安在咨询中也进行了这样的角色扮演。小安优先选择了同学分享最近玩的游戏这个较为容易的社交场景。小安扮演自己，咨询师扮演同学，咨询师引导小安向自己坦承不懂游戏，并向咨询师发出一起玩的邀请。在比较有挑战的社交场景中，有时会由咨询师扮演小安，小安扮演互动者，咨询师向小安展现其他人的可能的处理方式，来帮助小安拓展思路，发展出自己的回应和解决思路。当积累了一定经验后，咨询师还和小安练习了被拒绝和受挫的社交场景，帮助小安感受和学习如何应对一些特殊情况和负面情景。在角色扮演的过程中，小安不断积累社交的经验，掌握如何进行交流，如何进行眼神和肢体接触，甚至是如何拒绝别人的方法和技术。他在练习和实践中取得的进步与收获，显著改善了他的社交焦虑，提升了他的社交信心，并增强了他参与到现实社交互动中的意愿度。

事实上，很多长期跟踪的调查研究显示，在青少年时期感受过社交焦虑的人，在 10 ~ 20 年后大多表示发生了好转。也许随着时间的推移，社交焦虑已经变得不那么重要了。总之，相信自己、相信孩子，社交焦虑终将变得无足轻重，去体验社交的快乐吧！

❸ 师生冲突：先处理情绪，再解决冲突

案例：和权威的冲突让人烦恼

迪迪，16岁，男孩，高中一年级。期中考试的考场上，前排男生给迪迪传纸条，希望迪迪让自己抄抄答案。迪迪想要拒绝，正犹豫该如何表达才能不伤害两人的友情，被老师发现了。考试结束后，老师将两人叫到办公室询问情况，前排男生支支吾吾，迪迪又羞又恼，谁也没有说清楚事情的来龙去脉。老师无奈地批评了两人，好好教育了一番，便让两人回去了。自此，迪迪的心里有了一根刺，他害怕遇到这个老师，不知道如何面对他，怎样与他相处，甚至无法认真听他讲的课。

嘀嗒嘀嗒嘀嗒……咨询室的钟表声清晰地传入耳中，让我想要不自觉地屏住呼吸。迪迪看起来气鼓鼓的，没有说一句话。

"我不知道发生了什么事，但我猜你经历的这件事一定很不好受吧。"我问道。

迪迪依然保持着看向地面的姿势，但他的眼睛抬了起来，严肃地看着我。

"你知道被人冤枉的滋味吗？"他正了正身子，接着说，"我什么也没做，就被莫名其妙地教育了一顿，老师冤枉我，父母批评我，我做错了什么？"

迪迪义愤填膺地向我讲述了整个事件，他想要保持正直、不参与作弊的信念，他犹豫如何拒绝同学又不伤感情的纠结，他担心影响同学关系的恐惧，他被老师发现的羞愧与自责，他被老师询问和怀疑的难过，他不知道如何向老师解释的焦急和无奈，他被父母批评的伤心，以及对父母不信任他的愤怒。所有这些想法和情绪纠缠在一起，搅得迪迪心神不宁，理不清头绪。他开始总是想起这件事，上课不能集中注意力，尤其害怕上这位老师的课；他不敢跟同学倾诉，怕同学怪他不讲义气，也担心同学认为小题大做、心思敏感；他不想跟父母说清楚，已经心灰意懒，不奢望父母的理解和支持。他反反复复回忆整件事，责怪自己为什么没有好好地解决，变成现在这个样子。

迪迪的父母在咨询中也讲述了他们对这件事的处理。

"我和孩子爸爸是相信孩子的为人的，我们从小教育他要正直，遵守规则，所以儿子说这件事的时候，我们丝毫没有怀疑事件的真实性。我们理解小孩子想要好一点的成绩，怀有侥幸心理作弊的想法，所以也没有怪那个同学。老师教育了迪迪，也是没办法的嘛，谁让两个小孩当时谁也不回答老师的问题，我家小孩也不解释清楚呢。我们一家都是尊师重道的人，老师的处理我们是理解的，老师也是一碗水端平，两个人各自批评了一下，而且话说得不重的。所以我们就简单地教育了迪迪两句，让他下次遇到这种事处理好，拒绝得干脆点，或是好好跟老师解释。谁想到这个孩子这么在意这件事，一直过不去，我们也是有些意外的。现在回想起来，可能当时没有足够考虑迪迪的心情，没有关注和安抚他的情绪，处理得太简单了，以为过去了就没事了。另外，我们那时候直接表达了对那个同学和老师的理解，没太从儿子的角度出发，没替他说话，应该是让儿子觉得我们偏向外人，没有站在他那边。因为我发现说完后，儿子显得很沮丧和失落，很少跟我们说话了。之前他都会主动跟我们分享学校的事，现在我们问，他也不愿讲，总是一个人待在房间里。"迪迪妈妈红着眼圈说道。

迪迪爸爸听完妈妈的话，轻拍着妻子的肩膀，无奈又自责地叹了一口气。

关键词：冲突

俗话说，有人的地方就有江湖。在日常生活中，人与人之间会建立起必要的关系，有关系也就会有冲突。随着实践的发展，可以说冲突是不可避免的。

冲突，指的是个体或群体之间产生的观念、言语或行为上的对立和对抗。青春期是冲突高发的时期。第一个原因是孩子独立性的增强。随着年龄的增长，自我意识的形成，他们对独立的渴求显著增强。孩子渴望用自己的眼睛看世界，用自己的标准来衡量是非曲直，容易对父母和权威产生怀疑，甚至发生反抗行为。他们想要摆脱各种形式的束缚，从约束中解放出来，同时希望获得他人的理解与尊重。这是孩子长大成人的必经之路。但是，孩子毕竟是孩子，他们的内心在追求这种独立性的同时，缺乏足够的知识与能力，因此在这一阶段容易与他人发生冲突。

第二个原因是身体的飞速发育与热烈的情绪。青春期是孩子身体发育的高峰期，男孩和女孩在这个阶段出现第二性征，他们有了性的意识，情绪情感真挚而强烈。但是，他们大脑中控制情绪与理智的部分，至少需要到成年早期才能够发育完成，因此他们的情绪稳定性以及管理情绪的能力还有所欠缺。此外，孩子们在青春期阶段与社会的交往越来越广泛，各种新奇的想法出现在他们的大脑中，他们拥有无限的活力，渴望对世界、对未知进行探索，在这一过程中，孩子们也会遇到各种各样的冲突和矛盾。

虽然冲突在所难免，且容易在青春期阶段发生，但我们无须过度担心和焦虑。因为冲突的发生并不可怕，关键在于如何应对冲突。学习恰当地面对和解决冲突，对于每个孩子而言，都是必要而珍贵的一课。

 家长操作指南

一、先处理情绪，再解决冲突

当孩子和他人发生冲突时，家长能否顺利引导孩子解决，关键在于有没有处理好孩子的情绪。这是因为人在负面情绪下，容易对他人的言语和行为进行负面解读，进而做出负面的回应和处理。不要小看或忽视这个步骤，无论是大人还是孩子，面对冲突和矛盾时，很容易被情绪裹挟，导致无法理智思考和应对，丧失了自身处理冲突的能力，或者能力被大大削弱，影响冲突解决的效果。孩子情绪管理的能力还没有发展完全，自然更容易受到情绪的影响。所以只有先帮助孩子缓解负面情绪，减少负面情绪对自身的影响，才能顺利进入问题解决的步骤，有机会真正地解决冲突。

耐心处理好孩子的情绪后，就可以开始解决冲突了。解决冲突的第一个原则是对事不对人。这个看似简单的道理，可以避免将就事论事地解决问题演变成互相伤害的人身攻击。在冲突中，如果是对方的某个行为、某个事件让孩子觉得不舒服，那就鼓励孩子针对具体的方面去解决和沟

通。例如，描述发生了什么，自己在其中的感受如何，有哪些想法，如何看待冲突，希望以什么样的方式解决，期待达到什么样的目的，等等。在这个过程中，可以更多地使用"我感觉……""我觉得……""在我看来……"这样的句式，而不是笃定地给对方的行为下定义："你就是……""你一定……"。同时避免先入为主和以自我为中心这两大有效解决冲突的障碍，引导孩子保持开放和宽容的态度，减少负面预设，只对事不对人，孩子就向成功解决冲突迈进了大大的一步。

解决冲突的第二个原则是事后复盘，提升能力。冲突的解决需要孩子运用多种能力共同完成，例如沟通能力、共情能力、问题解决能力、情绪管理能力，等等。能力是可以改变和提高的，但是需要时间的积累和沉淀，不可能一蹴而就，事后复盘是帮助孩子提升能力的一个重要方式。复盘时机的选择也很重要，在孩子解决冲突后，切忌马上就与孩子复盘，而是需要留一段时间空白，待孩子的情绪完全平静，能够以一种更理智、更客观的角度来看待冲突时，再选择一个你和孩子身心状态都比较好，且有充足时间进行交流的时机进行复盘。你可以主动跟孩子聊起之前的冲突，询问孩子在整个过程中的感受、想法和收获，你还可以跟孩子分享一些你的观点、类似经历与好用的解决冲突的方法，一起讨论这次冲突给孩子带来的变化和影响，帮助孩子回溯冲突解决的过程，看到自己在其中体现的能力，以及之后可以完善与提升的地方。

二、引导孩子正确地应对他人的批评

大多数情况下，面对他人的批评和负面评价都不是一件容易的事。可是，无论一个人多么优秀，都难免收到他人的负面反馈。因此引导孩子正确应对他人的批评是成长之路上非常重要的一环，要让孩子懂得如何坦然面对批评，辩证地看待批评，学会将负面评价看作自我提升的资源。

当孩子面对他人的批评时，我们要教孩子做的第一步是判断批评的属性。批评分为两种：不公正的和公正的。不公正的批评包括误解造成的负面评价，以及出于嫉妒和攻击等心理产生的负面反馈。不公平的批评是非建设性的，如果有误会，可以鼓励孩子澄清和解释；如果有的人为了批评而批评，则需要提醒孩子有分辨的意识：如果对方说的话与实际不符，那么就不必被负面批评所影响，保护自己免受伤害。保持冷静，礼貌应对，这样反而有机会赢得对方的尊重。公正的批评是相对客观和中立的，也许忠言逆耳，但它是有建设性的。所谓引导孩子正确应对他人的批评，指的就是学习如何面对公正的、有建设性的负面反馈。

1. 接受自己的不完美

我们需要帮助孩子接受一个事实：人无完人，一个人并不总是完美的。鼓励孩子将批评看作一面镜子，让他能够看到全面而真实的自己；把批评看成一种资源，使他有机会发现问题，着手改变。批评是一种针对当下现状的意见，不代表永远如此，让孩子在虚心接受的同时不要过度沉湎被批评的负面情绪中。

2. 接纳自己面对批评时的负面情绪

有时候，迎面而来的批评真的很无情，也很令人内心刺痛。那一刻，孩子可能负面情绪涌上心头，五味杂陈。我们需要让孩子明白，面对批评时的负面情绪是一个人的正常反应，无须自责，接纳自己此时的负面情绪才能更好地面对批评。如果能够平静地面对批评自然很好；如果感觉情绪涌动，难以承受，做做深呼吸或出去走一走，给自己一些时间和空间，一个人静一静，之后再慢慢消化接收到的负面反馈。

3. 引导孩子进行思考

我们可以引导孩子以第三方的角度来思考和理解批评的内容，中立而客观地看待他人的批评。尝试思考：批评中哪些部分是我认同的，其中哪些是可以调整的，哪些是很难改变的。在能够调整的方面，自己可以具体做些什么，可能会遇到哪些困难，需要什么样的支持，能够从哪里获得这些支持，等等。当孩子消化了批评，有了自己的思考和想法后，可以选择与批评者沟通和讨论，获得进一步的反馈来帮助自己更好地整合思考。

通过咨询，迪迪了解到自己经历的批评是误会造成的非建设性的批评，这在一定程度上大大降低了批评给迪迪带来的负面感受，同时他也接纳了自己面对批评时的负面情绪，给自己时间去慢慢缓解和消化内心的情绪。这场美丽的误会，让迪迪意识到了一个自己的短板，当他被误会或冤枉时，他常常因为情绪太过强烈，抑制了自己的表达，错过了解释清楚的时机，又因为不接受自己的这个特点，不愿意在事后找机会弥补。当迪迪可以正确看待和处理老师的批评后，他做了一个决定：他要主动找老师，向老师说明情况，修复两人的关系。

三、帮助孩子学习更好地与权威沟通

孩子是一个幼小的个体，在日常生活中，除了与同学、朋友等同龄人交往，面对的更多的是"权威"——在校有老师，在家有家长。在孩子眼中，他们都掌握着"生杀予夺"的大权（事实上恐怕也的确如此）。由于在具体关系中的位置高度差异，不管是孩子还是这些权威长辈，往往都忽略了在人格层面上孩子和权威是平等的。因此，如何与权威沟通，对孩子是不小的挑战。沟通是一种能力，既包括信息的传递，也包含沟通者之间关系的塑造与展现，它对我们生活的方方面面都那么重要和关键。孩子的家庭生活离不开与父母的沟通，孩子的校园生活也少不了和老师的沟通，因此，孩子有必要掌握如何与权威沟通这项技巧。我们可以通过以下四点帮助孩子。

1. 帮助孩子了解自己在与权威沟通中的隐性需求

我们通常会知道自己希望通过沟通达到的目标，这些需求是显性的实际的目标。但事实上，一个人通过沟通想要满足的需求是十分多元的：我们想要获得的，可能比自己想象的更多。尤其是与权威的沟通中，孩子常常会有一些隐性的需求。比如希望在对方心中留下一个好的形象，获得对方的信任，让对方认可自己的观点，提升自己的存在感，等等。通过帮助孩子厘清自己的隐性需求，可以使他们更理解自己面对权威时的复杂反应。

2. 提前为沟通做准备

我们可以鼓励孩子提前准备自己要表达的内容，当然，这个准备并不需要详尽到孩子要说的每一句话，但至少要罗列出他想和对方讨论的几个主要的点。此外，事前想好此次沟通的具体目的，或者孩子希望通过这次沟通实现的事情，以及期望达到的结果，这个结果最好是清晰、明确、符合实际的，这样可以避免孩子被权威带离目标。这些准备可以降低与权威沟通的挑战与难度，让孩子更从容地面对真实的沟通。

3. 享受表达的快乐

沟通无法被全然地控制，孩子没办法控制权威的反应，但是可以控制自己的想法和心情。在与权威沟通的过程中，鼓励孩子表达自己的想法，享受自我表达带来的快乐，同时不去期望对方听到了多少、能不能理解，以及是否做出相应的回应，也不要强求对方的回应。在沟通中，他们的回应固然重要，但更重要的是孩子勇敢地表达了自己真实的想法和心情。

4. 引导孩子注重沟通后的自我关怀

沟通本就不容易，能够勇敢地与权威沟通，无论结果如何，已经是一件非常了不起的事情了。我们可以陪伴孩子做一些积极的自我对话。比如关注这次沟通中积极的部分，孩子在其中的努力与勇气，孩子的成长和进步，等等，强化孩子与权威沟通的美好体验，为之后的每一次沟通加油打气。

在迪迪父母的帮助下，迪迪发现自己在跟权威沟通时，有一个隐性需求，就是他希望自己在权威面前是完美无缺的，不愿意暴露自己的任何一点缺点。正是因为这个隐性需求，限制了迪迪向老师表达自己的机会。父母陪同迪迪整理了要和老师沟通的几个要点，明确了和老师沟通的目标：真实完整地还原整个事件，解释清楚事情的发生发展，表达自己在过程中的复杂心情，以及希望和老师解除误会，修复关系的愿望。父母坚决支持和认可迪迪想与老师说清楚的决定，鼓励迪迪勇敢地表达自己，解决冲突，充分享受沟通与解决的过程，不要被未知的结果牵绊和干扰，并在迪迪和老师沟通后，一家三口郑重其事地庆祝了一番，夫妻二人仔细回顾了迪迪在整个过程中的付出与努力，他们真心为迪迪感到骄傲。

④ 追星：勇敢探索，发现更好的自我

案例：因为他，"我"摆脱了平庸

小霏，13岁，女生，初中一年级。自小没有什么爱好，父母也没有让她上过任何的兴趣班。上了初中，她慢慢感到迷茫："我是谁？我是一个怎样的人？我喜欢什么？我擅长什么？我将来能做些什么……"她心中有无数的疑问。一天，她追星了，迷上了一个小说中的人物——一个真实而又虚幻的"纸片人"。她的生活似乎有了方向和色彩，她不再是沙漠中平凡而孤独的仙人掌。

不同版本的同一本小说，整齐安置的一大摞海报，仔细装在相册里的照片，一大袋子合作和联名的周边：扇子、贴纸、书签、水笔、帆布袋、笔记本等，应有尽有，甚至是零食的包装纸，小霏都留着，小心翼翼地收藏好，这些都是她的珍宝，因为全部跟她的偶像有关。

"我是从同学那里知道这部小说的，课间的时候她们在聊，我一开始可嗤之以鼻呢，不过一部小说而已，至于这么狂热吗！然后有一次无聊，就借

了朋友的来看，'真香啊'，太好看了吧，哈哈哈，我一下子就沦陷了，回家就赶紧下单，买了属于自己的这本小说。"小霏满脸得意地说，整个人眉飞色舞起来。

"你以前有没有这么喜欢过其他的人、事情或是东西？"我问道。

"没有哎，我是那种很奇怪的人，身边有的朋友喜欢画画、追番、打游戏什么的，可我从小就没有什么特别感兴趣的。我爸妈也都没有爱好，平时下班回来就是看看电视剧、刷刷手机什么的，他们也没有意识说让我上个兴趣班。我以前还会羡慕别人好像都有个特长或自己感兴趣的爱好，后来慢慢就淡忘了，也习惯了。所以这次'入坑[1]'，我又意外又惊喜，我终于有自己真正喜欢的东西了！"她手舞足蹈着，声音高昂地说。

"可是我爸妈，"小霏咽了口水，继续说，"他们也太过分了！一开始他们没说什么，不懂也没兴趣多问，后面看我比较狂热，就开始骂我不务正业，限制我的零用钱。最让我生气的是，有一次他们趁我上学不在家，把我珍藏的周边全都偷偷扔了！真的太过分了，太不尊重人了！那次之后我再也不让他们进我房间了，我也不想跟他们说话了，根本没法交流。他们平时没事干，'瘫'着玩手机可以，我写完作业弄会儿自己感兴趣的就不行，太'双标'了。他们连我喜欢的是什么都不清楚，就全盘否定，在他们眼里，我就是个没脑子的傻子！根本不是那样好不好？身边同学玩游戏啊、粉爱豆[2]什么的，我从来没有过多参与或沉迷过，我也是很理智的，只是这次不一样。"小霏气喘吁吁地说，眼神中充满着委屈和不忿。

---

1 入坑：网络流行词，指专注地投入某一件事情之中。
2 粉，网络词语，即狂热喜爱、崇拜之意，来源于英语 fan（意为狂热爱好者）。爱豆，网络词语，指偶像艺人（歌手、演员、乐队组合等受大众追捧的流行文化人士），来源于英语 idol（意为偶像）。

"这次有什么不同啊？那个小说人物哪里吸引你，让你这么着迷，你跟我说说好不好？我对他不是很了解，你给我科普科普！"我虚心地问。

小霏一下子来了精神，正了正身子说："他其实是个资质非常平庸的人，从小就没什么人会特别注意到他，对他的印象仅限于是个好人。有一次整个村子遇到了大事件，所有人的生命都岌岌可危，他却意外地化解了危机。没有人想到会是这个不起眼的人解决了麻烦，他自己也没有想到。更让他意外的是，他发现自己很擅长药草。因为从小没什么朋友，他就一个人在树林里东逛西逛，树林里的花花草草他都非常熟悉，仿佛都是他的朋友。这个发现让他下决心要成为一名治病救人的大夫，于是他背上行囊开始远行。小说接下来讲的就是他一路经历的苦难与成长了。"

"他最后梦想成真了吗，他当上大夫了吗？"我追问。

"嗯，他成功了，他成了一名善用药草的大夫，大半生都在发现新的药草，医治病人，拯救生命。书里描述了很多真实的药草，介绍了药草的特性与功用，真的太有趣了，我将来也想做医生或者药剂师！我特别开心遇到这部小说，因为他，我终于没有那么迷茫了，我也有了自己想做的事。"

关键词：追星

你第一次听说追星这个词是在什么时候？你自己和身边的人有没有曾经追星或正在追星的呢？其实追星现象已经存在很长时间了，不管你是否关注过或亲历过。心理学中将追星这种行为和现象称为"拟社会关系"。它是一种单向的关系，粉丝收集明星偶像的信息，欣赏他们的作品，了解他们的生活，并在过程中感受到真实的互动，产生情感或认知上的联系，但是明星偶像却对粉丝了解甚少，甚至是一无所知。

为什么现在越来越多的人开始追星，追起星来越来越疯狂呢？随着网络的使用和发展，社交媒体与娱乐节目如雨后春笋般涌现，吸引着当代人的目光。人们获取明星偶像动态和信息的成本不断降低，方式越来越便捷，可以和明星偶像互动的机会也大幅增加，可以说追星在当代变得十分容易。电视里、手机中的明星偶像虽然不知道他的观众是谁，但是通过现代互联网及媒体技术，他们带来的互动感确实非常真实，观众甚至会感受到真实互动中的生理或心理反应。

少年追星族增多的另一个重要原因，是在拟社会关系中，孩子是相对安全的，被拒绝的风险很小。在现实生活中，建立和维持关系都是不容易的，孩子面临着被他人拒绝的可能性，无论是同学、朋友或是其他的关系。但是追星所带来的拟社会关系则不同，这种关系是单方面的，也就是说孩子可以决定自己喜欢谁，投入多少，喜欢哪些方面，等等。在这段关系中，孩子不会感受到拒绝，甚至自己对追星的投入与付出还会真实地影响到明星与偶像的生活，例如投票出道和大众票选等，孩子无一不在其中感受到自己的掌控感与决定权。此外，孩子喜欢上的明星和偶像，常常拥有他们欣赏或想要的部分特质，例如颜值、才华、性格等。我们每个人都有自己的梦想，或许已经实现了，或许不得不为了现实的生活而放弃或进行调整。通过喜欢和崇拜一个明星偶像，孩子把自己对于梦想和美好的期待投射到他们身上，并替代性地感受到梦想实现的愉悦和成就感。

青春期是个体自我意识发展的高峰期，在这个时期，外界和他人的影响对他们而言，扮演着相当重要的角色。在这个阶段，他们开始思考：我是谁？我喜欢什么？我想成为什么样的人？我有什么样的目标和梦想？诸如此类。

他们期待拥有独立自主的意识和生活，慢慢地，他们不再将父母和老师当作绝对的权威，开始有了自己喜欢和崇拜的明星偶像。他们在自己选择的明星偶像身上寻找认同，满足情感，完善个人价值观并丰富自我意识，这是他们真实而迫切的需求。

家长操作指南

一、借助追星话题，了解孩子内心

青春期孩子的重要任务之一，就是发现自我。对于自己是谁，选择和什么样的人交友，未来从事什么样的职业，秉持什么样的价值观等问题，要有相对清晰和稳定的认知。孩子也在不同的尝试和选择中，逐渐认识自己，获得自我认同。

孩子在发现自我、寻找自我、塑造自我的时候，会不自觉地将他人和外界的影响，作为一种模板或参考。在孩子寻找自我的早期，父母家人和学校里的老师同学无疑是最重要的资源和素材。随着年龄的增长，孩子的目光慢慢看向更远处，明星偶像的影响逐渐浮出水面，甚至作用越来越大。对于明星的欣赏和崇拜，在侧面反映了孩子对于自己的一种期待和美好的向往。也就是说，在追星的过程中，孩子也在追寻理想中的自己，更接近理想的自己。小霏就是在追星的过程中找到了自己真心想做的事，她从没有兴趣爱好，也没有梦想目标，到最后立志成为医生或药剂师，追星可谓功不可没。因此，正确看待孩子"追星"，不盲目否认和武断批评，既是对孩子的尊重，也有利于深入理解孩子，从而保护他们的梦想，助力孩子的成长。

咨询中，很多家长表示孩子不愿意跟自己说心里话，自己想跟孩子增进感情、拉近关系也无从下手。进一步沟通后，咨询师总会发现造成这个局面的一个重要原因是家长常常不知道跟孩子聊些什么。亲子聊天的话题大多集中在学校和学习两方面，这样的谈心到最后很容易演变成说教，不仅没起到增进亲子关系的目的，而且让孩子在内心深处生出反感。其实，追星这个话题对于增进亲子关系就非常有效果。正如前文所讲，孩子喜欢什么样的明星偶像透露着他们对于自己的美好期待，对于未来生活的真挚向往。如果我们能够真正仔细地去了解孩子欣赏的明星偶像，不仅可以弄清楚孩子喜欢这个明星偶像的具体原因，而且可以通过孩子的分享表达，感受到他们对于自己的期待，欣赏什么样的人格特质，想要什么样的生活，认可什么样的努力方式，以及愿意选择什么样的办法克服困难，等等。通过追星这个多数孩子感兴趣的话题，我们可以和孩子交流沟通，了解孩子的内心想法。对孩子追星的尊重与好奇，可以让孩子真切地感受到你对他的理解与认可，这是让孩子打开心扉的重要途径。

二、运用追星事件，帮助孩子探索自己

如果你已经顺利完成了上文的建议，那么现在你就可以理性看待孩子追星这件事，而且你也可以借由追星这个话题和孩子敞开心扉，自由自在地聊天了。孩子喜欢什么样的明星偶像是有他自己的原因的，这个明星偶像身上一定有他认可和欣赏的优点。当然，作为一个完整全面的人，这个偶像身上也一定会有一些缺点。也许你会说："不是呀，我们家孩子说起他的明星偶像，什么都好，可盲目了。"孩子能否以客观而中立的角度，全面客观地看待他们喜欢的明星偶像，关键在于你是否怀着平等、不随意

评判的态度，与孩子真诚开放地交流。

　　身为成年人，我们需要真诚地与孩子沟通，让孩子明白，一个完整而真实的人是多面的、复杂的。崇拜的明星偶像身上有自己的优缺点，父母有自己的优缺点，孩子也有自己的优缺点，所有的部分整合在一起，才成为独一无二的"人"，也就是独立的个体。这样的认知和信念，可以让孩子从宏观的角度更全面地认识他崇拜的明星偶像，还可以让孩子将目光从明星偶像身上转到对自我的探索上，觉察自己的优点和不足。

　　初步探索完优缺点之后，你可以引导孩子更全面地看待自己的优缺点。一个人的某个特质绝对不能简单地一分为二，因为在实际生活中，没有一个永远是优点的特质，也没有一个永远是缺点的部分。有些优点可能会在某些情况或某个事件中成为负累，而有些缺点也可能会在某个时刻发挥它的优势。而且，每个人对于优缺点的评判都是不同的。可能某个特质在这个人眼里偏向缺点，而在另一个人看来却是难能可贵的闪光点。此外，如何运用自身的优势也是一个不可缺少的话题，即便某个特质在大多数情况下发挥着积极的作用，但是过度使用或使用不足也会给你带来困扰，让优势失去本来的光彩。

　　最后，探索孩子在追星过程中体现出来的优缺点。你已经陪伴孩子厘清了自己的优势与不足，以及如何全面客观理性地看待明星。现在，结合追星这个具体事件，思考一下，孩子利用和发挥了他的哪些优势呢？有没有哪个部分反映出了他的不足？之后无论是在追星这件事还是其他事情上，如何扬长避短呢？小霏父母在咨询结束后，先是认真阅读了小霏喜欢的小说，然后跟小霏推心置腹地沟通了一番。他们向小霏表达了对于追星的理解：爸爸反馈了对这部小说的喜爱；妈妈虽然谈不上喜欢，但是可以想象小霏在小说中获得的快乐和力量。他们都表达了自己为女儿开心。经过交流，小霏一家发现，小霏勇敢、坚持，充满好奇心，又非常有爱心，正如小说中的主人公那样。小霏在追星的过程中也体现了她的这些优势，小霏顶着父母反对的压力，一如既往地喜欢着这部小说。好奇心带领着小霏细细研究书中介绍的药草，爱心驱使着小霏非常向往小说中主人公的生活，她渴望有一天也可以治病救人，贡献自己的价值。与此同时，追星的过程中也透露着小霏的短板，她不擅表达、不愿沟通，因此直到父母主动跟小霏交流，她才说起小说对自己的重要意义。另外，面对人际间的矛盾冲突，小霏有些回避，所以她才会在父母扔掉了自己的周边后，关上房门，切断可能的接触。这场围绕追星的交流，不仅帮助小霏更好地认识了自己，也缩短了他们一家三口内心的距离。

三、引导孩子确定积极的自我目标

目标就像沙漠中的水源、归航途中的灯塔、人生路上的导师，它给予你动力，指引你方向，鞭策你前进。也许你有目标，例如变得更苗条、更富有，成绩提高一些，找到称心的工作或遇到真心的爱人。也许你没有目标，正在迷茫中，或正在寻找目标。上文已经探讨了如何利用追星，让孩子探索自己的优势与不足。接下来，我们需要引导孩子结合自身优势，确定积极的自我目标。

首先，要在一个你和孩子都有充足的时间且状态较好的一天进行下面的练习。你可以在练习前，提前安排好周围的环境，确保你和孩子能够在一个有较少干扰的舒适环境下完成练习。然后跟孩子一道，舒展一下身体，聊聊生活中有趣的小事儿，放松一下你们的心情。接下来，你可以陪伴孩子，运用下面的段落，引导他制定自己的目标，也可以和孩子一起分别制定你们两个人的目标。

接下来，请想象一个更好的自己，会是什么样子的呢？更放松，更热情，更投入，更快乐，更健康，还是更勇敢呢？试着用简短的词句描述关于"更好的自己"的主题。为了帮助你更好地想象，你可以闭上眼睛。确定主题后，继续你的想象，尝试充实其中的细节。你如何才能向更好的自己迈进呢？如果它是一次旅行，你需要走哪条路到达终点呢？要走这条路，你需要做些什么呢？想想你的优势，你可以如何利用这些优势，变成更好的自己呢？在实现更好的自己这个过程中，你可能会遇到哪些困难？有哪些阻碍你的因素呢？你有哪些优势可以帮助你去克服呢？如果有一天你成了更好的自己，会发生什么呢？你的生活会有哪些具体的改变和不同呢？谁会最先发现你的改变？他们可能有什么样的反应呢？

请给自己足够的时间完成以上的思考，这个过程也许会有困难，但请相信，你一定可以完成的。不要着急，跟随头脑中的想象，一点一点地慢慢来，注意力跑掉了也没有关系，把它重新拉回来就好，给自己多点鼓励。当思考结束，回答以下问题。（手册中有亲子分享版目标制定表格，见表 9 "发现更好的我"。）

☐ 更好的我

- "更好的我"是什么样子的呢？
- "更好的我"使我更快乐，因为——
- "更好的我"是我想成为的样子，因为——
- 我可以做些什么来实现"更好的我"？

- 有哪些人可以给我支持？

- 他们分别如何支持我？

- 我需要多长时间实现"更好的我"呢？

- 我可能遇到哪些困难呢？

☐ 我的优势

- 我的优势将如何帮助我实现"更好的我"？

- 我的优势将如何帮助我克服困难？

答完问题后，请先对自己说一声"辛苦啦"，感谢自己在整个过程中的坚持和努力。然后，请对自己说"恭喜你"，无论完成得如何，无论你是否回答了表格中的全部问题，你都已经进行了"更好的我"这个练习，感受了全部的过程。也许你会想在之后的几天中调整和完善以上表格，也许你会在未来的某一天，想起表格中的内容，想对它进行修改或是增减，都没有关系，因为目标从来不是一蹴而就或一成不变的。我们要实现的是"更好的我"，而不是"最好的我"。我们不需要那么完美，也不需要完成所有目标。记住"更好的我"带来的感觉，你可以随时设立目标，也可以随时起航去实现目标，永远都不晚。

❺ 所谓早恋：如何恰当地与孩子谈"情"说"爱"

案例：寻找爱的女孩

    六六，14岁，女生，初中二年级。六六出生后，父母就去外地打拼了。六六上初中时，父母终于事业有成，将六六接到了自己所在的城市一起生活。面对新的城市、新的学校、新的老师同学、新的生活，甚至"新的父母"，六六难以适应这全新的一切，无法向自己的父母打开心扉。父母似乎也不知道该如何跟六六相处。六六不知道怎么办，只好投入恋爱中，感受温暖和依恋。父母知道了这场恋爱，坚决阻止两人的感情：六六出去和朋友玩，父母偷偷跟着；偷看六六的手机，删除男孩的联系方式……然而两个孩子却没有因此分开，反而愈演愈烈，拼命要在一起。

    "你就叫我六六吧，我身边的朋友都这么叫我。6这个数字对我真的很特别。我从出生到6岁，这6年的生活是跟爷爷奶奶、外公外婆长大的。爸妈偶尔会回来看我，待上几天，然后接着回去工作，有时候过年也不回来，因为春节生意多，而且票不好买。小学的6年是在寄宿学校度过的，所以6这个数字真的跟我很有缘。"六六潇洒地说，她的笑容很可爱，让我不由得跟着笑起来。

"那你的这两个6年分别过得怎么样啊？"我问道。

"第一个6年很好啊，爷爷奶奶很宠我，外公外婆做饭很好吃！上学前我就吃吃闹闹，跟周围的小伙伴到处跑、到处玩，可自由了！小学开始学习了，有点烦，食堂的饭菜就那几样，吃了6年早就吃腻了，不过老师还不错，室友也蛮好的，我们经常在熄灯后偷偷聊天，听到查寝阿姨的脚步声，就马上装睡，哈哈哈，每天斗智斗勇！"六六冲我眨眼睛。

"会不会想家、想家里人呢？"我好奇。

"还好吧，放假我就会回去，轮流住在爷爷奶奶和外公外婆家，他们就给我做各种好吃的，也会催我写作业，不过他们拿我没办法。"她漫不经心地说。

"会想爸爸妈妈吗？"我接着问道。

"不想。"六六回答得坚决而干脆。

"嗯？怎么说？"我追问道。

"没有什么，就是不想。我早就习惯他们不在身边了。其实大家都不熟，在一起也不知道说什么，他们就知道叫我好好学习啊，将来考个好大学啊，然后就说不出什么了，我也懒得跟他们讲学校的事，讲了他们也不懂。"六六盯着地面，脸上的笑容渐渐不见了。

她很快转移话题，兴奋地说："哎，你知道吗，我男朋友对我可好了，我晚上失眠睡不着，打电话给他，他都困死了，但还会陪着我聊天，有他跟我说说话，我会容易睡着些。"她的眼睛亮亮的，闪烁着光芒。

"你睡不着时，你爸妈会怎么处理和回应你呢？"我看向她问道。

"他们会说快点睡觉，不要玩手机了，要不明天早上又起不来了，总是说困还不早点睡。"六六眼里的光不见了，淡淡地说。

"你最期待恋爱的什么呢？"我回到了让六六眼里有光的话题。

"温暖。"她愣了一会儿，抬头看着我的眼睛，定定地说。我的后背开始变暖变软，似乎感受到了她说的温暖。

早年的经历致使六六非常没有安全感和归属感，她极度渴望陪伴和温暖。六六不仅是恋爱中的女孩，更是渴望爱的孩子。

关键词：罗密欧与朱丽叶效应

六六的父母为了阻止两人的感情，查岗、盯梢、偷看手机、删除联系方式，用尽了浑身解数，然而两个孩子并没有因此分开，反而愈演愈烈，拼命要在一起。为了阻拦孩子恋爱，家长用了各种各样的办法，却鲜有收获。在实际咨询中也有很多父母反馈，自己尝试了各种方法阻止、拆散，但往往事与愿违，不仅适得其反，而且还破坏了原本和睦的亲子关系。

其实，心理学中的罗密欧与朱丽叶效应很早就已经揭露，父母越试图拆散，恋爱的两个人越要在一起——在莎士比亚的戏剧《罗密欧与朱丽叶》中，罗密欧与朱丽叶相爱了。可由于两家世仇，他们的爱情遭到了极力阻挠，但是压力并没有使他们分手，反而使他们爱得更深，直至殉情。心理学中把这种面对爱情越是面临艰难险阻，恋爱双方越要拼命向前的现象称为"罗密欧与朱丽叶效应"。出现干扰恋爱关系的外界压力时，尤其是面对来自父母的压力时，恋爱双方的情感反而会增强，他们在彼此眼里的吸引力会增大，他们之间的爱情之火也会燃烧得更为热烈。

这种罗密欧与朱丽叶效应不仅发生在爱情中，也会发生在现实生活中其他地方。因为越难获得的事物，在人们心目中的地位反而越重要，心理价值越高。与之相反，轻易得到或已经得到的事物，其价值往往会被人们忽视或低估。此外，每个人都有想要独立自主进行选择的愿望和需求，当他人强制左右我们的想法和行为时，我们会自然而然地感到愤怒、认为受到威胁，进而产生深深的抗拒。

因此，面对孩子萌芽的情愫或懵懂的恋爱，教会孩子如何正确地看待、认识与处理，引导他们更好地应对，才是父母真正要做的事。

 **家长操作指南**

一、真诚坦荡地谈论恋爱

青春期，伴随着性激素的分泌、性器官的成熟和性意识的萌芽，孩子们开始萌发出懵懂的情愫，对于恋爱充满好奇和向往，这是非常正常和普遍的现象。恋爱本身是美好而珍贵的，很多家长阻止孩子恋爱，甚至对孩子自然的情感穷追猛打，是因为他们认为孩子还小，不能够处理恋爱和学业、社交等方面的平衡，担心恋爱会影响孩子的学习与成长，也害怕孩子做出伤害自己和他人的行为。其实，无论是孩子还是成年人，都会面临如何平衡亲情、友情、爱情、学业与事业等方面的关系问题，也都需要学习如何恋爱，如何好好地爱自己与爱他人。这甚至是一个人的终生课题。

身为家长的我们，应该如何与孩子谈论恋爱这件事呢？首先，是理解与尊重的态度。就像前文中介绍的那样，孩子表现出对他人的好感或喜欢，这是再正常不过的事情了。如果孩子直接或间接地告诉了你，那么恭喜，这说明孩子非常信任你。如果是意外或从他处得知了孩子的情感，也不必惊慌恼怒。无论是哪种情况，这个时候千万不要冷嘲热讽、话里有话，也不要批评打骂，更不要戴有色眼镜。因为这是一个增进亲子关系，并向孩子传递健康恋爱观的好机会。六六的父母在咨询中反思了自己的处理方式，并在咨询师的建议下，一起给六六写了一封信，诚挚地表达了歉意，并表示以后不会再用这样围追堵截的方式对待六六。他们爱她，想要关心她，也会担心她，他们希望可以通过沟通的方式，和六六平等地、开诚布公地交流这件事。

接下来要做的就是真诚坦荡地谈论，将孩子的情感或恋爱自然地带到阳光下。很多时候，朦胧的情感来到阳光下，它的光彩就会慢慢暗淡下来，孩子对其强烈的好奇与兴趣也会逐渐趋于正常。所以，不必忌讳或躲藏，大大方方、坦坦荡荡地与孩子谈论恋爱吧。未经世事的孩子期待你在尊重与理解的前提下，自然而然地交流关于恋爱的那些事，比如什么是喜欢，什么是爱，怎样判断别人对自己的感情，如何好好相处，如何处理矛盾，如何平衡恋爱与学习或友情，一份健康的感情是怎样的，什么情况下应该结束关系，如何妥当地结束一段感情，等等。经过充分的沟通与交流，孩子会发现"原来恋爱是这样的，它不是园中禁果，也不是洪水猛兽"。通过沟通，六六的父母发现六六是一个单纯又有分寸的孩子，她和小男友一直在彼此支持，两个人虽然成绩一般，但内心深处都有想要变得更好的愿望，他们倾诉学习的苦闷与人际的挫折，也分享生活的无聊与快乐。更重要的是，六六的父母终于了解了女儿的内心，六六时常在家里感到孤独，她渴望与他们亲近，她爱他们，只是不知道如何走向熟悉却又陌生的父母。

　　父母怀着尊重与理解的态度对待孩子的情愫，结合自己的人生经验与孩子敞开心扉地交流与沟通，将是孩子的宝贵财富与不可或缺的恋爱观教育。

二、必不可少的性教育

　　很多时候，人们之所以谈性色变，是因为根本不知道到底什么是真正的性教育。性教育是一个系统的概念，全面性教育的内容包括性与生殖健康、社会性别与认同、健康与尊重的家庭生活等。其目的是使儿童和青少年具备一定的知识、技能、态度和价值观，从而确保其健康、福祉和尊严。大量研究证据表明，全面性教育能够使儿童和青少年获得准确且适龄的知识、态度和技能，建立积极的价值观，并且有效预防青少年感染艾滋病病毒和其他性传播疾病，预防非意愿怀孕和基于社会性别的暴力，等等。性教育是必不可少的，我们不应该纠结要不要给孩子做性教育，而是需要认真思考和学习如何对孩子进行性教育。为了更好地对孩子进行性教育，家长有必要了解一些基础的性知识，以及如何向孩子讲解和表达。例如，男女身体各部位的科学名称与差别；生命的起源"我"从哪里来；保护身体隐私，树立身体边界，不允许他人随意触碰自己的隐私部位；成长带来的身体变化；等等。

　　六六的父母在理解了六六的恋爱后，意识到了性教育的重要性。他们恶补了性教育的基础知识，怀着惴惴不安的心情和六六交流这不可或缺的一环。让他们欣慰的是，学校已经开展了一系列基础的性教育课程，六六已经有了大致的了解。与此同时，父母围绕性行为的意义、性安全意识等话题和六六展开了深入的沟通，他们相信六六并向她传递了一个坚定的信念：六六的身体是属于自己的，无论在任何时刻、任何情况下，她都有权利对她不想要的性行为说不；无论发生什么，她都可以告诉父母，和父母一起商量、沟通和解决，父母永远是她坚强的后盾。六六在后来的咨询中跟咨询师分享："那次谈话我永生难忘，我感受到了父母对我的爱护和尊重，我理解了性不是一件羞耻或肮脏的事，它是包含着沉甸甸的责任的，我不仅需要对自己负责，也应该对别人负责，我想之后我的很多事情，包括我的想法、感受，我都愿意和父母沟通，我相信他们会理解我，也会一直支持我！"

性教育是贯穿人一生的教育，它不仅是知识的传递，也是态度与价值观的影响，更是对于生命的尊重和对孩子的负责。不要因为家长的无知与恐惧，关上孩子接受性教育的门窗。把性教育当作送给孩子的特别的礼物吧。

三、帮助孩子建立健康的情感价值观

每个人都有自己的人生哲学，孩子最终也会形成自己的价值观，其中就包括情感价值观。情感价值观不仅与孩子自身的成长经历有关，也会因所处时代背景与文化的不同而不同，更会受到父母观念和家庭教育的影响。世界上没有两个人的观点是完全一样的，既有相似与融合，也有差异和分歧。无论秉持哪种情感价值观，有一个主题永远不会缺席，那就是爱自己。一个人能够好好地爱自己，才有能力被爱以及好好地去爱另一个人，而这汇成了情感价值观的基石，也使健康的情感价值观的建立成为可能。真正地爱自己体现在一个人尊重自己，可以在合理的范围内满足自我需求；能够倾听自己内心的声音，追求自己心中所想，也有勇气表达拒绝；感知和接纳自己真实的想法，承认自己的局限性，也认可自己的闪光点；坦然面对过去，也对未来怀有期望。

爱自己听起来也许简单，真正做到却不容易。你是否爱自己呢？我们一起来做个小测试。你可以直接在手册中找到表10"爱自己小测试"填写。

- 首先，请你思考并写下你高于其他人的5个积极特质。（例：幽默）
- 接着，请你思考并写下你低于其他人的5个积极特质。（例：认真）
- 最后，请你思考并写下你表现平平的5个积极特质。（例：正义感）

不必纠结于怎样才算高于或低于其他人还是表现平平，我们每个人心中都有一个标准，遵从自己内心的准则就好。此外，如果你很努力地思考后，仍然无法写出5个积极特质的话，也没有关系，但是请注意，你写了几个高于其他人的积极特质，那在之后的低于其他人的积极特质和表现平平的积极特质中也要保持相同的数量。

当你完成了这三个问题的回答后，请你回忆一下，在这3个题目中，哪一个你完成得最快？哪一个最慢呢？面对3个问题，哪一个做起来相对容易？哪一个让你绞尽脑汁、抓耳挠腮呢？以上练习的3组答案组合在一起，形成了你是否爱自己的大致轮廓。这个练习中回答的速度和难易程度揭示了你的倾向性，你在哪部分用时越短，回答得越容易，说明你在这部分对自己越了解，关注得越多，认可得越多。你可以通过这个小练习，看看你是认可自己多一点，还是挑剔自己多一些，抑或是在你心里，自己不过是平平无奇的"小透明"。

我们如何爱上自己，又如何引导孩子好好地爱自己呢？觉察自己的真实需求是走向爱自己的第一步。一个人如果连自己想要什么、需要什么都不清楚，他就很难接纳自我，更难以做到真正地爱自己。我们做父母的是这样，孩子更是如此。我们不妨先好好地觉察自己的需求，这样不仅有助于你之后帮助孩子探索他的需求，而且也是你亲自学习爱自己、感受爱自己的重要过程。真实需求可以从情绪、身体感受、认知和行为4个维度进行觉察。

- 当你捕捉到一个需求，有什么样的情绪涌现呢？试着给你的情绪命名。

- 感受到这个情绪的同时，你的身体有怎样的感受呢？

- 不同的部位分别有什么样的感受？

- 哪个部位的感受最为强烈呢？

- 面对这样的情绪和身体感受，你想到了什么？有什么样的想法和假设呢？你的行为又是怎样的呢？你实施了哪些行动呢？

无论是你还是孩子，以上这些问题都有助于进行深入思考，并离真实需求更进一步。六六在咨询师的帮助下，意识到现在的自己有一个需求，就是谈恋爱。当她想到恋爱的时候，她感到安心和踏实，情绪渐渐平静。身体似乎暖暖的，双脚体会到一种踩在地上的真实的感觉。这样的情绪和身体感受，使六六联想到小时候生病时，家里的老人抱着自己的感觉。也让她回忆起，刚刚进入寄宿小学时，那些难以入眠的夜晚，那时的她多么希望爸爸妈妈可以接她回家，好好地抱抱她……想到这里，六六猛然醒悟，她将自己对爱和拥抱的需求与渴望投注到了恋爱中，她离自己的真实需求更近了。

第二个帮助你和孩子更好地爱自己的方式是**善意的肢体动作**，善意的肢体动作能够立刻对身体和大脑发挥作用，抚慰副交感神经系统，缓和压力激素的分泌。最常见也最容易实现的肢体动作就是拥抱。在这里需要注意，这个拥抱不仅仅指单纯地做出拥抱的姿势，还需要你投入情感和细心感受。通过安全而真挚的肢体接触带来的拥抱的感觉，可以使你获得生理层面的安慰，也让你的心灵体会到被爱包裹的感觉。比如，在日常生活中，可以多多与孩子进行肢体上的接触，拥抱孩子，拍拍他们的后背，等等。此外，在独自伤心难过的时候，找一个舒服的姿势，尝试用双臂搂住自己，好好地感受和体验自己拥抱自己，还可以抱一个抱枕或者毛绒玩具，这样不仅可以安抚负面情绪，还会给内心带来一阵暖意。

爱自己从来不容易，但真的很值得。愿每一个人都能看到自己、听见自己、爱上自己，无惧谈"情"，勇敢说"爱"。

Part 3
家庭关系篇

情感忽视　　　　　　　角色颠倒

替罪羊

边界感

隔代卷入

① 情感忽视：觉知并更好地表达情绪

案例：犹如生活在冰窖中

濛濛，15岁，女孩，初中三年级。在濛濛心里，妈妈是生活上的完美母亲，无微不至地照顾着她的饮食起居，濛濛总是可以吃到可口的饭菜，身着得体的衣服；爸爸是工作上的超人，职场中的难题统统难不倒他，他不仅得到了很好的工作报酬，也收获了同事领导的一致认可。看似完美的日子，濛濛却不快乐。从小到大，她没有去过一次游乐场，小的时候爸爸妈妈忙，大了以后爸爸妈妈认为游乐场是小孩子才去的地方，没有去的必要。每当濛濛想要跟父母倾诉和表达自己的小情绪时，父母总是以"坚强点、不要太在意、咱们晚点说"这样的话语作为回应。

第一次的咨询是与濛濛的父母进行的，他们衣着干净得体，说话有条不紊，讲述起来逻辑清晰、简单明了，给我留下了很舒服的第一印象。这对父母因为女儿的情绪问题找到了我，在他们的描述中，濛濛是一个开朗、活泼、可爱的女孩儿。可是，当情绪来临时，濛濛就彻底变了。濛濛会因为一点小事而发脾气，大喊大叫，甚至摔摔打打。濛濛妈妈满怀歉意地说："每当这个时候，我都如坐针毡，生怕打扰到邻居，影响他人的生活。"爸爸补充道："有时濛濛有情绪，就把自己关在房间里，我们想进去看看她，可是在她身边时，她的脾气似乎更大了，我们只得退出来，让她自己冷静一下。"夫妻两人对视了一眼，眼神中充满了无奈。我对这个叫濛濛的女孩儿充满了好奇，期待着与她见面。

在第二次咨询中，我终于见到了传说中的濛濛。她坐在我的对面，微微笑着，眼镜下的眼睛也含着笑意，让人感到舒适和放松。濛濛讲述起了那个"小怪物"——她时不时爆发的情绪。"很多时候我也不知道自己究竟是怎么了，就是觉得很烦，莫名的烦躁，感觉自己快要爆炸了，好难受。"濛濛胸口起伏着，声音提高些分贝，情绪仿佛一不留神就要失控。

"烦躁和难受背后有着什么样的情绪呢？"我问道。

"我也不知道具体是什么情绪，我感觉有好多情绪搅在一起，可是我说不出来，我不知道要怎么形容，好难受！"濛濛的笑意不见了，现在的她满面愁容，而且看上去很愤怒。濛濛忽然拿起背后的抱枕，大声地说："我好想用力地捏它，把它扔在地上。"

"可以的，如果真的很难受，你可以那样做试一试，看看会不会好受一些，哪怕一点点。"我关心地回应道。

濛濛愣了一下，拿着抱枕的手放松了，她把抱枕放在胸前，抱在了怀里。"我现在好难受，真的很不舒服。我不知道怎么表达，怎么做能让自己好受一点，也不知道自己需要什么样的帮助，希望别人怎么对待自己。"濛濛把脸埋在抱枕里，哭着说。

"如果你刚刚让我放下抱枕，告诉我不应该这么做，或批评我，我可能真的就把抱枕扔在地上了。"濛濛看着我，满脸歉意地说，"我爸妈经常让我不要这样子，担心吵到邻居，他们让我小声一点。我心里明白他们说的是对的，我也不想打扰到邻居，可是听到他们这么说，我反而觉得情绪更加无法控制了。"濛濛平静了一些，语气也更为和缓。

"当你有情绪时，你的父母通常怎么应对和处理呢？"我好奇地问。

"他们偶尔会询问我发生了什么事情，大多数情况下他们不理解我为什么会有情绪，他们会让我想开点，不要特别在意，或者是坚强一些。其实，我的父母很好，他们只是没有情绪和太多的情感。"濛濛看向地面，淡淡地说道。

<h2 style="text-align:center;color:orange">关键词：情感忽视</h2>

濛濛经历的就是亲子关系中的情感忽视，它是特指孩子在童年遭受情绪状态缺乏共鸣和反应，没有适时地得到必要的情感支持。情感忽视主要有三种形式：第一种是不回应，指的是面对孩子的情绪与情感需求，家长有意或无意地采用回避、否认和批判的态度，没有积极地予以回应。第二种是不及时，指的是当孩子有情绪与情感需求时，由于各种各样的情况，孩子无法顺利向父母提出需求，家长无法及时进行回应。例如孩子没有和父母一起生活，没有机会表达自己的情绪情感，或父母工作繁忙，没有时间和精力去处理孩子的需求等。第三种是不同频，指的是父母给予的回应与孩子真实的需求不匹配，不能有效满足孩子的情绪与情感需求。

情感忽视是一个非常容易被忽视的问题，却对孩子有着不容忽视的负面影响。首先，在情感忽视中长大的孩子，很难识别和表达自己的情绪与情感。

因为在成长的过程中，父母对孩子的情绪情感不敏感、忽视，甚至冷嘲热讽，孩子没有机会学习识别情绪，不会给情绪命名，没有接收到情感支持，继而丧失了表达情绪和情感的能力与条件。长此以往，孩子对自己的情绪不熟悉，情感匮乏，成了情绪情感的陌生人，很有可能变得麻木或容易情绪失控。就像文中的濛濛想要描述和表达自己的情绪，却无从下手。

其次，遭受情感忽视的孩子不懂得自我关怀，也无法向他人提出情绪和情感需求。由于他们的情绪与情感从来没有被好好地关照和处理过，他们没有健康有效的安抚及缓解情绪的办法，因此面对自己的情绪与情感，他们可能也会倾向于压抑和否认。加上缺乏识别和表达情绪情感的能力与知识，他们很难在情绪情感方面向他人求助或提出需求。濛濛虽然感到异常痛苦，但是她对自己的情绪无能为力，无法很好地向他人表达需求，也不清楚自己想要什么样的帮助与支持。

最后，遭受情感忽视的孩子在长大后容易成为忽视他人情绪与情感的人，进而影响自身与他人关系的建立和情感的联结。人们总是首先习惯于从自己的角度，结合自身的需求，感知和回应他人的需求。然而，长期的情感忽视会造成孩子对自身情绪情感的不关注和麻木，因此他们很难设身处地地感受到他人的情绪情感，容易成为忽视他人情绪情感的人。有时，即便他们觉察到了他人的情绪情感，却因为不知道该如何回应和安慰，被动地成了忽视他人情绪情感的人。有些家长之所以会忽视孩子的情绪与情感需求，正是因为他们也曾是情感忽视的受害者。他们在童年也经历了某种程度的情感忽视。所以，当他们长大成人，建立自己的家庭后，会进一步陷入情感忽视的恶性循环。

家长操作指南

一、觉察和识别情绪，记录情绪日志

根据具体的感受识别出不同的情绪是一种能力，觉察和识别情绪，不仅是情绪管理的开始，也是走出情感忽视怪圈的第一步。很多时候，家长和孩子都是情感忽视的受害者。被忽视的经历使得他们不知道自己所感受到的情绪究竟是什么，只能用笼统的词汇来表达，容易陷入一种被情绪控制的境地，或用否认、压抑的方式来处理情绪。如此一来，家长既无法关怀好自己，也无法照顾好孩子。因此，这个练习建议你和孩子一起来完成，或者由你先感受和完成练习，再分享给孩子。

即使你没有经历过情感忽视，这个练习也可以帮助你更好地分辨和表达自己的情绪。通过用具体的情绪词汇来标记自己所经历的感受，从而能够更好地管理自己的情绪，和情绪做朋友，进而更好地关注和回应孩子的情绪，让孩子在潜移默化的家庭生活中，学习到情绪的知识，避免孩子受到情感忽视的负面影响。

本书附赠的手册中表11"情绪日志"，专门负责记录一天的情绪。情绪日志包括时间、情境和情绪3个维度。填写情绪日志，一方面可以帮助我们更好地感受自己的情绪，另一方面能够让我们学习用准确的词汇来形容这个情绪。这里以濛濛和她的爸爸为例，来展示情绪日志的填写方法。

表 3-1 濛濛爸爸＿＿年＿＿月＿＿日的情绪日志（例）

时间	情境	情绪
周一早上	在家里叫孩子起床，叫了两次，濛濛似乎要发脾气了	不安，不知道如何处理，窘迫，也觉得该起床了
周三下午	在回顾和记录情绪日志	高兴，好像更了解自己的情绪了，歉意，感到很对不起孩子
周四下午	工作业绩指标加重	烦躁，压力不小

表 3-2 濛濛＿＿年＿＿月＿＿日的情绪日志（例）

时间	情境	情绪
周一早上	爸爸叫我起床	暴躁，我已经说了马上就起，他却不给我时间，又叫了一次
周三下午	刚上完物理课，课间	焦虑，初三了，学业压力大，很多知识需要梳理
周五晚上	弄明白了物理课上不太清楚的题，妈妈给我买了喜欢吃的甜品	快乐，欣慰，父母似乎更专注自己了，更有学习动力

为了帮助您和孩子顺利地完成情绪日志，我们提供了情绪词典，以便您和孩子查阅使用。

情绪词典

愤怒：激动、愤怒、恼怒、愤愤不平、蔑视、厌恶、激愤、触怒、挫败、暴躁、敌意、烦躁、疯狂、愤慨、怨恨

抑郁：痛苦、无聊、消沉、心碎、失败、沮丧、绝望、失望、厌恶、不快、心烦意乱、空虚、疲惫、虚弱、悲伤、无望、伤心、孤独、悲惨、悲戚、遗憾、劳累、脆弱、卑微

恐惧和焦虑：害怕、焦虑、惶惑、急躁、惊恐、惊骇、歇斯底里、神经质、紧张、恐慌、恐惧、忧虑、犹豫、担心

幸福和快乐：安宁、狂喜、快活、高兴、满足、欣喜、热烈、精神饱满、热情、兴奋、激昂、愉快、快乐、满怀希望、愉快、轻快、被爱、欢喜、骄傲、宽慰、欣慰、激动、称心

羞愧和负罪：歉意、羞愧、尴尬、可笑、负罪、羞辱、侮辱、窘迫、遗憾、害羞、歉疚

　　当你和孩子熟练掌握情绪日志，能够对自己的情绪有更细致和更丰富的感受后，就可以进一步探索情绪的表达形式。你可以在手册中找到表 12 "情绪表达记录表"来进行填写。该表包括情境、情绪和情绪的五种表达形式，情绪表达形式有言语、行为、手势和姿势、面部表情与语气。完成情绪表达记录表的过程可以让你和孩子更进一步熟悉自己对待情绪的表达形式，进而完善表达技巧。这里仍以濛濛和她的爸爸为例，来展示情绪情绪表达记录表的填写方法，详见下一页。

二、真挚表达爱意，增加情感温度

　　陷入情感忽视泥潭的家庭，经常会遇到这样的难题：家长不知道怎样表达自己的关心和爱意，或是表达的并不是孩子想要的。因此，学会真挚地表达爱意，让孩子感受到爱的流动，是告别情感忽视的第二步。

　　为什么我们明明深爱着孩子，孩子却感受不到我们的爱意呢？第一是环境因素。在以中国为主的东方文化传统中，爱更多是内敛、深沉与含蓄的。明明饱含着满满的爱意，却鲜少热烈地表达。这一点在男性即父亲角

表 3-3 漫漫爸爸___年__月__日的情绪表达记录表（例）

情境	情绪	情绪的表达方式				
		言语	行为	手势和姿势	面部表情	语气
在家里叫孩子起床，叫了两次，漫漫似乎要发脾气了	不安，不知道如何处理，着迫，也觉得起床气了	又去叫了孩子	又去叫了孩子	无表达	有些不耐烦	有些不耐烦
回顾和记录情绪日志	高兴，好像更了解了自己的情绪了，歉意，感到很对不起孩子	无表达	更认真记录	歉意时摸了摸自己的头发	无表达	无表达
工作业绩指标加重	烦躁，压力不小	讲解业绩指标	召集员工开会	比较激昂	坚定	鼓舞士气

表 3-4 漫漫___年__月__日的情绪表达记录表（例）

情境	情绪	情绪的表达方式				
		言语	行为	手势和姿势	面部表情	语气
爸爸叫我起床	暴躁，我已经说了马上就起，他却不给我时间，又叫了一次	无表达	第一次没起，第二次起了，动作很慢	无表达	不爽	无表达
刚上完物理课、课间	焦虑，初三了，学业压力大，很多知识需要梳理	无表达	趴在桌子上思考	趴着	看似平和，其实有点紧绷	无表达
弄明白了物理课上不大清楚的题，妈妈给我买了我喜欢吃的甜品	快乐，欣慰，父母似乎更专注自己了，更有学习动力	感谢妈妈	很快奖励自己吃了甜品，也分给了妈妈	比较雀跃	开心	轻快

色中表现得尤为明显。在大的社会文化背景下，家长的家庭环境大多缺乏爱的表达，在这样的环境下成长，没有榜样学习，也没有机会练习，自然也无法在成为父母之后向自己的孩子完美表达爱。第二是个人经历。如果在关系中长期遭受忽视、拒绝、背叛等负面事件，产生负面的情感体验，甚至造成了创伤，这些负面经历就会使我们难以相信自己和他人，进而大大影响对爱意的表达。第三是人格特质。内向者更喜欢深度的沟通，相对倾向于以婉转而内敛的方式来表达情绪和情感。

如何更好地向孩子表达爱意呢？第一种方式是语言的表达，这是最直接且最容易被对方接受的方式。如果直白地表达爱意存在一定的挑战和困难，那么认可与鼓励的话语无疑是最好的选择。我们每个人都希望被看到、被关注，渴望获得他人的认可，尤其是来自爸爸妈妈的认可，这会让孩子感受到自己是被在意、被爱着的。世界上既没有两个相同的孩子，也没有完美的孩子，每个孩子都有自己的独特之处。因此我们需要耐心地去了解孩子，发现他的优点，发掘他的潜力，给予他认可和鼓励，让孩子感受到我们真挚的爱意。这里我们要特别注意，认可与鼓励是需要父母的智慧的，我们不能空泛地夸孩子"你真棒，你真聪明"，我们应该在孩子表现好的时候，具体地指出孩子做得好的地方，或者他身上的优秀品质，对孩子给出恰当的肯定与赞赏。此外，在孩子失败、沮丧和对自己产生怀疑的时候，也是我们表达爱意的好时机，我们要理解孩子的不容易，看到他在这个过程中的闪光之处，给他鼓励与支持，让他在爱中健康成长不惧风雨。第二种方式是投入时间、给予陪伴。想要一个人感受到我们的爱和关心，一定是需要花时间和精力的，不仅需要一定时间的相处，而且要注重陪伴的质量。这种形式的爱意表达不只是指你待在孩子身边，因为仅仅只有物理性的在场，是远远不够的，更需要心灵的在场。我们可以去了解孩子喜欢的事物，参与到孩子感兴趣的活动中，真实地陪伴孩子并发自内心地感受生活中的点滴。

如果你本身就是情感忽视的受害者，也许会发现，无论是言语表达，抑或是陪伴孩子，对你来说都不是一件容易的事。这正是前文说的"个人经历"对爱的表达的影响。因此，在尝试向孩子表达爱意前，不妨先拿自己练练手。不要吝啬于告诉自己：我爱我自己。如果你从一个接受者的角度感受到了自爱的表达，相信你的表达也能被孩子所理解。

此外，如果孩子一直在经历情感忽视，那么面对你突然表达的爱意，孩子可能会在一开始显得无动于衷、麻木，甚至有些回避。这时候，你就需要坚持不懈地表达，用爱意温暖孩子，将孩子带离情感冰窖。父母真挚的爱意终将融化孩子内心的寒冰。爱是一种语言，爱更是一个动词。爱会感动，爱能流动，爱更需要行动。

三、科学表达歉意，丰富情感维度

生活不会一帆风顺，天气也会有晴有雨，情感世界除了表达爱意，歉意的表达在父母与孩子的情感互动中也是非常重要而又特别的存在。学会科学地表达歉意是告别情感忽视的第三步。

为什么亲子互动中需要歉意的表达呢？世界上没有完美的孩子，也没有完美的父母。人人都是第一次做父母，难免会出现各种各样的差错，有做得不够妥当的地方。承认错误、表达歉意能够帮助你从不足中学习，让你有机会思考自己为什么出错，了解你的言行带给孩子的感受，避免进一步伤害亲子关系，同时让孩子感受到你的歉意和愿意改变提升的态度。

此外，**表达歉意是获得孩子信任与尊重的重要途径之一**。要知道，你正在以身作则地告诉孩子，是人都会犯错，勇于承担、真诚道歉并没有那么可怕。真实地面对自己是一件勇敢的事，犯了错误的时候向对方传递歉意，修正自己的言行，才能不断成就更好的自己。

那么，如何科学地向孩子表达歉意呢？

1. 换位思考，积极倾听

首先，**要保持足够真诚的态度**。孩子可以通过你表达歉意的言语和方式，轻易地感知到你是否真诚。其次，**尝试换位思考**，从孩子的角度来看待自己的言行，反思自己的错误，这样可以帮助你更好地了解孩子的需求与感受。试着想象一下，如果你是对方，面对这样的事情，你的心情会是什么样的呢？表达歉意的人的哪些行为会让你感觉舒服一些呢？你希望听到什么样的表达，看到什么样的行动呢？通过这样的换位思考，你可以共情孩子的痛苦感受，帮助你在后续的沟通中更好地向孩子表达你的歉意。同时，要积极地倾听，给予他表达自己感受的机会。对于你而言这也许不是一个愉快舒服的过程，但却是非常重要的。因为在倾听的过程中，你有机会更好地了解孩子的需求和感受，得到他真实的反馈，这就有助于修复你们的关系，避免日后总是发生类似的不愉快，同时帮助你更好地完善自己和孩子互动。

2. 承担责任，努力改正

要有这种觉悟：既然要表达歉意，就要**勇敢地承担责任**，承认自己的错误，不要找借口，不把错误推卸给别人，尤其不推卸到孩子身上。即使孩子确实有错，在你表达歉意的过程中，陈述孩子的错误也不是一个好的时机。可以在孩子表示原谅、双方情绪都冷静下来后，再找一个机会，沟通孩子的言行给你带来的感受以及他在互动中的不足。

此外，不要对自己的过错轻描淡写，或试图忽视和降低事件的严重性。这样可能会让孩子觉得你在逃避责任，没有真心地意识到自己的错误，无视他们的痛苦和受到的伤害。最后，要保证会在今后的互动中，积极地调整，努力地改变，即使无法一次就解决所有的问题，无法做到再也不出错，但我们会不断完善自己的言行，逐渐避免类似的错误发生。这不仅是我们给孩子的承诺，也是我们对自己的保证和决心。

表达歉意的背后，是父母对孩子满满的爱，以及愿意同孩子一起成长、共同进步的美好愿望。通过科学地表达歉意，爱意也将在父母与孩子之间更好地流动，使亲子关系始终保有旺盛的生命力。

② 角色颠倒：各归其位，重塑亲子关系

案例：不曾是孩子的少年

小恺，17 岁，男孩，高中二年级。小恺从不倾诉，也不流泪，他仿佛一座无所畏惧、毫不动摇的山峰，屹立在那儿，坚强而孤独。他是老师口中的好孩子、朋友心里的真兄弟，更是父母眼中的男子汉。但是，没有人把小恺当成孩子，仿佛他从出生起就不再是孩子了。小恺包容着敏感情绪化的母亲，支持着忙于工作、疏于家庭的父亲，默默地成了这个家庭的"家长"。

小恺是自己主动要求进行咨询的。他认真而严肃地告诉他的父母，他需要心理咨询，他的话听起来铿锵有力，仿佛已经思考了很久。父母没见过儿子这样的架势，他们弄不清楚状况，不知道儿子究竟发生了什么，但他们知道一定对儿子很重要，因此他们不敢有丝毫的怠慢，迅速发动身边的资源，帮小恺寻找咨询师。小恺在仔细察看了咨询师的资料后，找到了我。

小恺比预约的时间早来了半个小时，他从书架上拿了一本有关咨询的介

绍资料，细细地翻阅着，安静地坐在一旁等候。小恺在看到我的同时，起身与我握手，向我问好，简洁地介绍了自己，整个过程都让我惊叹，这只是个17岁的高中生。他淡定地走进咨询室，稳稳地坐下，眼神中透露出坚定与冷静。在小恺脸上，还停留着一丝丝的悲壮，虽然不易觉察，但是让人无法视而不见。

"我需要心理咨询，我上网查阅了一些资料，觉得自己的状况不太对劲。我……我哭不出来，有一段时间了，偶尔在晚上会觉得心里很难受，想要好好地大哭一场，可是流不出眼泪。"小恺微笑着看向我，接着说道，"我好像戴上了一副面具，不，更确切地说，我是可以随时戴上一副面具，一副生活无忧、岁月静好的面具。同时，我的身体和内心感觉很疲惫，好像肩上和心上都背着重担一样，但是我又说不上来是什么样的包袱或重担，只是单纯觉得不轻松，也无法放松。我似乎这样子生活很久了，可能是最近身心达到了一个临界值，处在承受不住快要崩盘的边界了，所以我才有了意识不能再这样下去了，要不……我怕我自己会彻底崩溃。"

小恺在说这段话的时候，始终保持着友好的笑容和平静的语调，仿佛在讲述另一个人的故事，这让我更加感受到躲藏在他笑容背后的辛苦和悲伤，也更加心疼这个17岁的孩子。

"我爸的工作，常年出差，忙的时候一两个月才能回家一次，家里主要是妈妈和我。所以从小我爸就教育我要像个男子汉一样，在他不在的时候，既照顾好自己，也要照顾好妈妈，不要让妈妈太操心和辛苦。家里的亲戚也告诉我要懂事，爸爸在外打拼很艰难，妈妈一个人带我非常不容易，让我成熟一点，不要太孩子气。这些话我都听进去了，也认认真真地照做了。我妈妈在单位工作一天，回到家还要做饭、收拾家里和关注我的学习，我真的觉得她很辛苦，因此我很小就会做一些简单的菜了，也会基本的家务。有时妈妈在单位受了气，工作压力太大，或是和爸爸闹别扭了，都会跟我说道说道，我也会很认真地听着，试着安抚妈妈的情绪。可能习惯了这样，我发现自己在跟朋友相处时，甚至是跟网络上的朋友聊天时，也会很自然地成为别人的'垃圾桶'，我会不自觉地想要去倾听和处理他们的情绪，仿佛那是我的义务。如果没能帮助到别人，我可能还会感到愧疚。家人、老师、同学和外人都觉得我很体贴懂事，是个靠谱又值得信赖的人，我也这么觉得。但是，有时又觉得怪怪的，我在想，除了这样的'人设'，我是个什么样的人呢？为什么我会觉得越来越累？我能怎么办呢？"说着说着，小恺不再微笑了，一字一顿地把话说完。

关键词：亲职化

亲职化指孩子和父母的角色发生颠倒，成了"父母化的孩子"，做了"父母的父母"。他们牺牲了自己的部分需求和利益，主动或被迫地承担起父母的责任，成了父母物质与情感需求的满足者，甚至是兄弟姐妹的照顾者。

亲职化主要有两种类型。

第一种是工具型，指父母回避或无力履行责任，孩子替代父母的角色满足家庭的工具性需求，例如照看弟弟妹妹、做家务和赚钱等。这与我们日常教导孩子掌握基本的生活能力是完全不同的，区别就在于后者是孩子站在自己的位置上学习独立自主，前者则是孩子被迫站在父母的位置上去承担不属于他们的责任与任务。

第二种是情感型，即孩子需要满足父母、手足或其他家庭成员的情感需求，成了倾听者和调解员。这种类型的亲职化现象是最具破坏性的，因为孩子不具备满足父母情感和心理需求的足够能力，所以长此以往，孩子会身心俱疲，本应无邪的年岁却不复天真。有些父母并非故意要伤害自己的孩子，但由于他们缺乏稳定和成熟的情绪情感能力，常常会受困于自己的负面情绪情感而无法自拔，因此没有余力去关注自己的孩子，甚至需要孩子满足他们的情绪情感需求。

亲职化会对孩子有怎样的影响呢？

1. 敏感

首先，敏感的孩子更容易被亲职化，因为他们更具同理心，更善于觉察和感知他人的需求与情绪变化，所以他们更容易成为家庭成员情绪与情感的看护人，承担起抚慰他人心灵的任务。与此同时，亲职化最持久且最深远的影响，就是被亲职化的孩子会变得更敏感，他们容易被他人的负面情绪感染，将情绪内化到自己心中并深陷其中，而且所处环境微小的风吹草动都可能让他们的内心产生波澜。天性中的敏感，加上经历了亲职化后愈演愈烈的敏感，致使他们会有意或无意地体会他人的痛苦，甚至认为自己有责任对这样的状况负责，一味为了他人的苦难挺身而出，却忽视了自己的需求和感受。

2. 难以表达自己的需求

每个人都有被爱、被关心、被照顾的需要，被亲职化的孩子，一边努力地扮演着父母和他人的照料者，一边压抑着自己的情感、需要和欲望，由于他们的需求长期处于被否认、忽视和压抑的状态，在他们的心里，认为所有的人都不会回应或难以理解自己的需要，因此他们往往对于表达自己的需求有羞耻感，把表达需求看作软弱和失控的表现，难以真正信任和依赖他人，也难以向他人寻求帮助。虽然他们习惯为他人排忧解难，但是在自己遇到困难的时候，却总是一个人默默承受。

3. 影响人际关系的质量

被亲职化的孩子，承担着远远超出他们发展能力的责任。本该让一个人感到被爱和保护的亲子关系，对他们而言变成了一种对自己持续产生压力和负担的关系。这些都会影响他们对于人际关系的认知和看法，使得他们把照顾他人当成跟别人建立情感联结的方式，甚至是唯一的方式，认为他们需要通过照顾他人来维持关系，无法使用其他健康的方式跟别人建立情感联结。

家长操作指南

一、家长各司其职，重塑亲子关系

如果孩子正在经历亲职化，家长要做的第一步就是成为真正的父母，还给孩子一份轻松的亲子关系。为了让孩子摆脱亲职化和错位的亲子关系，父母需要承担起自己的责任，坚守在家长的位置上，同时让孩子回到孩子的位置上，有机会重新享受本应属于他们的单纯与美好，并在此基础上重塑与孩子的亲子关系，为孩子营造健康的成长环境。

亲子关系在人的一生中发生最早，在出生前就已经产生，并且陪伴终生。在一个人的人生长河中，亲子关系绝对是必不可少的一部分。良好的亲子关系是保证大多数人健康成长、正常发展的基本条件。从心理学的角度讲，我们在成长过程中所感受和经历的亲子关系，会内化为一种固定的关系模式，这一整套内在关系模式不仅关乎我们与其他人建立联结，例如如何与同学、朋友、恋人甚至陌生人相处，而且影响着人格的形成、健康心理水平的发展，以及个人终生成就的实现。就像我们常听到的来自心理学家阿德勒的那句话——"幸运的人用童年治愈一生，不幸的人用一生治愈童年"。亲子关系是童年乃至青春期非常重要的一部分，对人的一生有着不可忽视的意义。在亲职化现象中，孩子和父母的角色发生颠倒，以此为基础建立起来的亲子关系势必让孩子感觉压力重重，不利于孩子的身心健康和成长发展，因此，出现亲职化的家庭必须重塑亲子关系。

如何重塑亲子关系呢？方法有很多，但是再好的锦囊妙计如果没有爱的支撑，也将是无用的。家长也许会说，做父母的当然爱孩子了。但是，这种爱是不是无条件的呢？所谓无条件的爱，就是"我爱你，因为你是我的孩子，仅此而已"。研究发现，享受过父母无条件的爱的孩子，有足够的安全感和信任感去探索未知的世界。即使在成长的道路上遇到挫折与挑战，在无条件的爱下培养出来的内心能量，也会使他充满勇气与动力，敢于尝试努力，不惧失败。有父母无条件的爱做支撑，孩子可以不惧风雨，自信地面对整个世界。但是在很多被亲职化的孩子心中，他们想要获得爱是有条件的，甚至是非常不容易的，他们需要表现出乖巧、懂事和善解人意，承担起本不属于自己的责任，照顾好他人的情绪情感。所以，父母需要给予孩子无条件的爱，让他慢慢明白和相信，他不是只能通过成为"照顾者"来获取爱与关注，他本来就值得被好好地爱——这是一件自然而然的事，并不需要被证明，更不需要通过承担额外的责任来换取。

此外，想要重塑亲子关系，很重要的一步就是陪伴孩子。你想要和孩子之间的关系更好，可是如果你跟孩子之间压根没有关系的往来，谈什么改善关系呢？可以理解的是，放到社会生活中，想要和一个人建立关系，一定是需要花时间和精力的，至少需要一定时间的相处，可是如果面对的是自己的孩子，父母有时候可能就忽略了。孩子和父母之间诚然是血浓于水的关系，可是关系的维持仍然是需要不断联结的，而形成联结的过程中，最不可或缺的步骤就是陪伴。陪伴不只是指你待在孩子身边，仅仅只有物理的在场，是远远不够的，而是需要高质量的陪伴。高质量的陪伴，是需要你真心地与孩子在一起的，放下父母的角色身份，做回孩子的伙伴，不指责、不抱怨、情绪稳定，给到孩子及时的肯定和欣赏。在这个过程中，与孩子建立信任，打开孩子的心门，增进亲子关系的密切程度。陪伴并不是要求父母时时陪伴，在建立联结的过程中，陪伴意识更加重要，只有心灵的在场，才能够让孩子感受到被爱，并且确认自己是有价值的，进而减少亲职化经历给孩子带来的负面影响。

二、陪伴孩子拥抱内在小孩

"内在小孩"是精神分析理论的一个概念，是指我们每个人的心里都住着一个长不大的小孩。这个内在小孩不会随着个体实际年龄的增长而消失，相反，他会一直珍藏在我们心中，并潜移默化地影响着我们的生活。经历了亲职化的孩子，由于需求得不到满足，情绪得不到释放，价值得不到肯定，没有体验到足够的关心和爱护，他的内在小孩也经受了一定的创伤。久而久之，这个内在小孩就成了一个阴晴不定的孩子，对这个世界充满了怀疑、不安和无力，并在现实生活中影响着孩子的思维和情绪，让孩子无法体验到足够的安全感和信任感。对于内在小孩，我们越是无视和压抑，"他"就越是沮丧和抗争，并陷入一个恶性循环，影响着一个人的幸福感和生活质量。内在小孩只有被看见和疗愈，才会慢慢发展成一个健康、积极与自信的内在小孩，我们的内心也才会获得真正的快乐。下面我们就来一起学习，如何陪伴孩子与自己的内在小孩对话。

在开始前，准备一张孩子 5 岁左右的照片，一张画纸，蜡笔、彩色铅笔或水彩笔，两把椅子。找一个你和孩子都有充足的时间，且状态较好的一天进行下面的练习。提前安排好周围的环境，让你们在一个舒适、有较少干扰的环境下完成练习。

首先，让孩子用纸和笔画出他心中小时候的自己，可以是任何形式的，抽象的、形象的、写实的、动物的、植物的等。画作没有好坏之分，也不考查绘画能力，关键在于能不能代表小时候的自己。画好后，把照片放在左边，把画作放在右边，安静地看一看它们，直到孩子闭上眼睛也可以在头脑中想象出它们。

接着，拿两把椅子，相对放好，让孩子坐在其中一把椅子上，望着对面的椅子，想象坐在对面的，是一名 3 ~ 5 岁的小孩。接下来，请你用平静而柔和的话语，念下面这段话给孩子听，慢慢地，不要着急，确保孩子听清楚了每一字每一句。如果孩子表示没有感觉，无法进入状态，你可以在带领他做几个深呼吸后，再一次念以下话语，直到孩子进入状态。

"亲爱的内在小孩，我知道你在那里。你受到了伤害，我是明白的，你经历了很多痛苦，我知道这是真的，因为我就是你。现在我与你对话，我想告诉你，生命是美妙的，有许多清新与疗愈的元素。让我们不再沉溺在过去的痛苦之中，不再一次又一次地活在过去，体验过去的痛苦。如果你有什么要告诉我，请你告诉我。"

然后让孩子坐到另一把椅子上，以小孩的状态讲话。他可以抱怨，抱怨他的脆弱与无助，他可以嘶吼，嘶吼他的愤怒与悲伤，总之，让他通过扮演内在小孩的角色，表达一切他想表达的。如果有情绪显现，不要惊慌也不用害怕，那是自然的，也是非常好的。因为他感觉到了真正的恐惧，感觉到了真正的渴求。

最后，请孩子坐回到一开始的椅子上，稳稳地坐好。请你用平静而柔和的话语，念下面这段话给孩子听。

"我听到你的话了，我的内在小孩。我完全明白你的痛苦。但你知道，我们在长大，在成长。现在我们能够保护自己了，我们可以做我们想做的事情，我们的内在在慢慢变得圆满，我们已经有条件实现自我，成为自己，让我们安享放松与自在吧。请你抱一抱你的内在小孩吧，感谢他这么多年的陪伴和守护，以后的日子，你们也将友好相处，一起去感受生活的美好与快乐吧。"

无论这个练习是否顺利，进行得如何，请你在完成后，好好拥抱你的孩子，感谢他的勇敢与真诚。如果他愿意，以上的练习可以重复进行。通过和内在小孩的对话与拥抱，孩子的内在小孩和他自己的内心，也将慢慢获得疗愈。

三、帮助孩子学习自我关照

经历了亲职化的孩子，能够很好地关怀他人，却不懂得如何善待自己。自我关照是一种能力，它往往比照顾他人更难。其主要特征有二：首先要悦纳自己，即不仅要接纳自己的优点、长处，更要接受自己的缺点、不足；其次是要享受自己的日常生活。特别要强调的是，自我关照并不基于自我评价，即自我关照不是因为拥有特别的品质或获得卓越的成就，而是因为每一个人都值得被关爱和理解。

　　然而，我们的孩子从小所接受的教育是要如何理解别人、善待别人，对待自己则要严格要求，鲜少学到如何去关心自己、照顾自己，如何去享受生活。而在自我关照中，学习放慢生活的速度，培养享受的意识是非常重要的一步。享受生活指的是专注于欣赏生活中积极体验的有意识的过程，可以培养积极情绪，增强人际联结，增加幸福感。享受生活需要后天的努力和学习，练习得越多，享受生活就越能成为一种自然的感觉，成为日常生活中的一部分，并持续发挥它的积极作用，促进孩子的健康成长。下文列出了不同种类的享受体验和可以用来享受的技巧，请与孩子一起仔细阅读。

各种享受体验

晒太阳：闭上眼睛，感受阳光洒满身上的暖意。

感恩：表达感谢之情。

放松：体验身体上的舒适和感官的享受。

赞叹：充满好奇和欣赏地表达赞叹。

正念：对自己、周围环境和他人认真专注地观察的状态。

享受的技巧

与他人分享：与他人分享一段经历，告诉他人你有多珍惜这一刻。

建立记忆：在脑海中记下一件事的场景，然后和其他人一起回忆。

自我表扬：向别人夸夸自己，分享你的成就。

阅读完上面的内容后，你可以借助下述的问题，展开头脑风暴，进一步与孩子讨论如何更好地享受生活，并尝试将这些想法应用在实际生活中。

（1）以上五种享受中，你最常使用哪一种？在什么情况下？

（2）你还使用过哪些上述没有提到的享受吗？是什么？

（3）选择至少一种你想尝试的享受技巧。

（4）在日常生活中，你会在什么时候、在哪里、以什么样的频率来享受生活呢？

（5）是否有哪些因素阻止你享受生活呢？

（6）享受需要练习和坚持，你可以采取什么具体行动帮助你呢？

如果孩子一时找不到享受的方法，或不愿意立刻实践起来，也无须过多担忧和焦虑。改变是一个过程，尤其对经历了亲职化的孩子而言，学会自我关照和享受生活，绝不是一朝一夕就能实现的。觉察是改变的开始，以上的练习已经打开了孩子新世界的大门，接下来要做的，就是持续地陪伴和鼓励孩子，使他能够不断地关照自己，享受生活。

❸ 替罪羊：把亲密关系的问题留在夫妻之间

案例："我"是背锅侠

小果，13岁，男孩，初中一年级。小果躲在自己的房间里，屋门紧锁，屋内屋外似乎是两个世界。客厅传来吵嚷声，时不时还能听到物件碰撞和掉落的声音，小果只能躲起来，他不敢出去，不想参与到父母的战争中。他麻木于父母任何一方想要拉他结盟的举动，他厌倦了选择，更恐惧出现话锋一转，父母齐心将矛头指向他的局面。

小果一家三口来到咨询室，父母各坐在一边，小果坐在父母中间，他们以家庭为单位进行咨询，诉求是小果的学习问题。父母轮流控诉着小果的不听话，在学习上的不自觉，在生活上的不自理等。慢慢地，话锋一转，父母开始互相指责起来。

"她在家太强势了，不仅儿子怕她，我也受不了，我平时跟朋友吃吃饭喝点酒，她就说我不务正业，净交些狐朋狗友，我大多数时间都是下班就回家的，只是出去那么几次，她就抓住说个不停。"爸爸气呼呼地说道。

“你还好意思说下班就回家，你回家都干什么了啊？衣服一脱，随手一扔，人往沙发上一躺，就在那刷手机，什么家务都不干，我自己一个人忙进忙出的，你跟看不见一样，我看儿子成天玩手机就是跟你学的。”妈妈不甘示弱地说。

“我不干家务？你怎么不说说我为什么不干了！一开始我是做家务的，我刷碗，你嫌我刷得不干净；我收拾东西，你数落我放得不整齐、位置不对；我做饭，你又怪我炒菜太油腻。反正在你眼里，我做什么都不对，怎么做都不够好，你说我干吗还要做家务，倒不如什么都不做，轻轻松松，忍一忍你的唠叨就过去了。你说儿子玩手机是学我，我告诉你，儿子学习没动力，什么都不愿意干，就是拜你所赐。你天天又唠叨又挑剔，我们爷儿俩惹不起，躲得起！”爸爸腰板一挺，两条眉毛竖起来，两只手撑在膝盖上，激动地说。

妈妈听了这些话，眼眶渐渐红了。小果迅速察觉了，默默抽出纸巾递给妈妈。妈妈接过纸巾，一边擦着眼泪，一边看向小果，没好气地说：“要不是因为你，我早就不和你爸过了。你也是太不争气了，学习这点小事都做不好！”

爸爸随即附和道：“你小子，也是让你妈妈太操心了，都13岁了，连基本的作业都不好好完成，太不让我们省心了，我和你妈因为你没少吵架。行了，媳妇儿，别哭了，消消气，咱不是来解决儿子的问题了吗？咱们好好做咨询。小果，你也说两句啊！”

小果看看我，又分别看了看爸妈，把头垂了下来，低沉地说：“我还是别说话了吧，免得被喷得更厉害。”

“小果，在你看来，你们家发生了什么来进行咨询？你对咨询有什么样的期待或目标呢？”我笑着问道。

小果唰地抬起头，两只眼睛看向前方，愣神了片刻，开口说道："我不想做背锅侠了。他们只有批评起我来是齐心协力的，平时一点小问题，就会吵个不停，我不想参与。他们硬要拉我评理，我不说还不行，说了他们又反过来一起炮轰我，他们倒是不吵了，统统把矛头指向我，开始细数我的问题。我好累，我有问题或不对，他们可以指出来，好好跟我沟通，但我不想再做他们两个的中间人了。"

小果扭头看了看爸爸，又看了看妈妈，平静地说："你们如果真的过不下去，就不要勉强了吧，随便你们，离婚吧。"

爸爸妈妈听了小果的话，愣住了，咨询室瞬时陷入一片死寂。

关键词：三角化

当家庭中的夫妻关系出现问题时，其中一方或双方把注意力投向孩子，拉拢孩子作为自己的同盟，让孩子主动或被动地参与到父母的问题中，缓解夫妻间的冲突与矛盾，就是家庭中的三角化现象。例如父母中的一方与孩子形成联盟，通过无视或批评等方式来削弱另一方的权威，借助孩子来抱怨和贬低另一方，或常常将其排除在沟通互动之外，等等。

在三角化的家庭中，家庭关系会受到影响，家庭功能也容易失调。夫妻间的焦虑与矛盾转移到了孩子身上，孩子过多地承受了来自父母关系间的压力。可是孩子并没有足够的能力去面对父母之间的夫妻矛盾，更没有足够的能力去解决他们的夫妻关系问题。孩子感到被父母双方拉扯，很容易产生负面情绪，体会不到家庭的支持和温暖。在这样的情况下，孩子容易逐渐形成对父母中的一方的消极评价，甚至是对父母双方都感到愤怒，进而恶化家庭关系，阻碍自身的成长与发展。另外，孩子也容易习得这种处理夫妻关系问题的模式，也会对将来如何经营自己的婚姻和家庭埋下隐患。

家长操作指南

一、把亲密关系的问题留在夫妻之间

在人与人之间的关系中，充满着温馨与感动，也少不了分歧和矛盾。分歧和矛盾本身不是问题，关键是处理问题的方式。如何处理夫妻关系中的问题与冲突，对于孩子处理人际间和生活中的冲突，有着非常重要的言传身教的作用与意义。为了避免让孩子陷入三角化家庭关系的困境，我们要做的第一步，就是把亲密关系的问题留在夫妻之间。这既是对孩子的一种保护，也是解决夫妻问题的明智选择。

通常来说，夫妻之间没有绝对的对与错，只有相似和差异，在允许差异中达成相对共识需要生活智慧。夫妻之间究竟需要用怎样的方式来处理差异，达成共识，没有统一标准的答案。争吵是处理亲密关系中问题的方式之一，并非完全不可以使用，但需要特别注意两点：一是争吵时尽量就事论事，避免出现人身攻击，如果当时情绪实在难以自控，可以及时暂停，给自己和对方一个缓冲期，调整情绪和状态；二是需要让容易受到影响和伤害的孩子回避，不要在孩子面前争执，有分歧私下讨论。如果不小心在孩子面前吵架了，请告诉孩子这是父母之间的问题，不是孩子的错。孩子没有评判对错的义务，更没有当父母情绪垃圾桶的功能。为人父母需要保持清晰的界限，不要主动或被动地使孩子参与其中，让孩子左右为难。

当然，在无可挽回的情况下，离婚也是一种选择。然而令人悲哀的是，父母对离婚问题的态度是让孩子卷入夫妻冲突、形成三角化的最常见因素。"爸爸妈妈要是离婚了，你是跟我还是跟你爸／妈"成了孩子的灵魂拷问。在实际的家庭心理咨询经验中，像小果这样当着父母面直接劝离的孩子的确少见，但是在父母矛盾巨大的家庭中，希望父母离婚的青春期孩子要比希望他们持续这段婚姻的要多得多。有些过不下去又不肯离婚的夫妻，一边怂恿孩子站队到自己这方，一边宣扬不离婚是"为了孩子"，都是在拿孩子当挡箭牌，本质上是父母不敢面对离婚后不可知未来的借口。记住：即使是离婚，也是夫妻二人的事。

除了争吵，夫妻双方积极且有效的沟通也是处理亲密关系中问题的重要途径。有效沟通并不一定是为了维持夫妻关系，更是为了解决彼此之间的问题。

二、加强夫妻间的有效沟通

有一些人总是觉得自己天生就不擅长沟通，还有一些人则是觉得："只要自己想，我随时都能成为一个优秀的沟通者。"但其实人与人之间的沟通，可能远比我们想象的复杂。沟通既包括信息的传递，也包含沟通者之间关系的塑造与展现。尤其在夫妻间，想要实现有效的沟通，就不能忽视和小看关系维度。关系维度，传达和反映了两人之间的关系，这就会影响到沟通过程中的语音、语调、语言表达和情绪反应等。如果忽略了关系维度，就很可能在夫妻沟通中，说出或是做出一些不合时宜的言论和行为，导致沟通陷入僵局。比如当你没有将伴侣置于与你平等的位置，带有命令口气且过于直接地表达你的看法，可能就会激怒对方，最后只能不欢而散。幸运的是，沟通能力可以通过后天的学习和训练得到提升。加强夫妻间的有效沟通，这不仅有助于解决问题，更能避免孩子进入三角化的家庭关系中。下面就是有效沟通的几条法则。

第一，保持开放和宽容的态度。先入为主和以自我为中心的态度，是夫妻进行有效沟通的巨大阻碍。在沟通的过程中，不要带着过多的负面预设，或是先行否定对方的一切，这样你们就离有效沟通前进了一大步。

第二，积极表达。比起一上来就滔滔不绝地陈述自己的负面感受、对对方的意见或某种关系中存在的问题，在沟通中先从积极的方面开头，是一种更加温和、更容易被对方接受的方式。比如，你想跟对方讨论，你感觉他最近不够关心你，不够在意你的感受，那么你可以先表达你看到他最近工作很忙、很辛苦，为他在工作上取得的成绩开心，接着再表达你的感受，注意在表达中不要使用侮辱、批判的词汇，尽量客观地陈述事实，平和地分享你的感受和情绪。

第三，积极倾听。有效的夫妻沟通不仅包含了表达，还包含了倾听。在沟通过程中，双方都时而是传递者，时而是接收者。要真正听懂对方所表达的内容，才能更准确地回应。积极倾听不仅仅是"听到""听懂"而已，还包含了一种"理解"。抱着一种理解对方的意图，去积极倾听对方真正想要表达的内容，才更有可能推动沟通的有效进行。

第四，关注双方的情绪。在沟通中，及时觉察和安抚双方的情绪，和表达内容本身一样重要。你需要清楚地知道，你们是夫妻，你们的对话不是毫无感情的商业辩论，而是充满情感的亲密交流。在沟通过程中共情此刻的对方，关注他的情绪，并试着用语言或肢体动作给予抚慰。同时，也不要忘了抚慰沟通中的自己，在沟通前给自己准备一杯热牛奶，或是搂着温暖的抱枕，这些看似简单的举动都可以缓解沟通中的情绪，大大促进沟通的有效进行。

第五，如果你的另一半是一个对待沟通较被动的人，那就需要你来做沟通的主导者。首先要进行一个真诚而坚决的邀请，直接说出你们之间需要就某些方面沟通。接下来，约定一个具体到分钟的时间，捉住另一半，支开孩子，带着上面 4 条法则，开始沟通。

夫妻沟通能力的获得与提升不会一蹴而就，我们需要在日常生活中不断地与伴侣沟通，练习这些技巧。同时，不要由于一时的受挫，就自暴自弃地认为自己不会是一个好的沟通者，或逃避和拒绝与伴侣的沟通。保持学习，带着爱意，夫妻间的有效沟通一定会加强。

三、约会：提升亲密关系满意度

夫妻亲密关系的好与坏，藏着孩子的未来，影响孩子的成长和性格。一个孩子的成长是生物遗传和环境交互作用的结果，不良的生活环境会给孩子造成心理创伤，有些创伤甚至终身难以愈合。每个孩子都乐于看到父母相爱，亲密关系就像家庭的定海神针——如果亲密关系稳定牢固，那么这个家庭就会稳如磐石，亲子关系也亲近健康。良好的亲密关系是最好的言传身教，会在孩子心中种下一颗叫作幸福的种子。

夫妻间的亲密关系起起伏伏，就像股票曲线，不会一成不变，更不会一路高涨。随着亲密关系的波动，双方对夫妻关系的满意度也在变化。关系满意度是人们对于自身亲密关系的感受和看法。每个人、每对夫妻都对他们的关系满意度有着自己的视角和解读，总体来说，关系满意度高的夫妻更容易开展有效沟通，家庭事务（包括孩子的共同抚养）合作更好，且一旦遇到冲突，双方更愿意寻求解决。因此，提升亲密关系满意度，不仅可以帮助父母应对亲密关系的起伏，还能够避免孩子卷入父母的冲突，受到三角化的影响。

如果你的孩子已经有卷入父母冲突的迹象，不妨找个机会，进行一场久违的夫妻约会。约会对于提升关系满意度非常有效且好用。除此之外，对于陷入三角化关系的家庭来说，夫妻约会可以暂时抛开孩子，制造夫妻直面彼此的机会，提高夫妻自己解决问题的意愿。对于关系已经紧张到产生让孩子卷入冲突的夫妻而言，进行一场约会是有些困难的。可哪怕是为了孩子的健康成长和家庭的和谐幸福，下面的约会计划三步法都是值得一试的。

第一步是列出约会活动清单。这是需要合作完成的一步，这一步的目标是和对方一起进行关于约会计划的头脑风暴，想要达成目标，关键在于激发创造性，增加夫妻间玩耍的感觉。因此在头脑风暴期间，无论观点对错以及是否可行，哪怕是看似愚蠢的，或根本不可能完成的设想，也都应该尊重和鼓励。有的时候，愚蠢的想法可以激发更好的想法，关键是要双方一起想出更多的可能性和尽可能多的主意。

第二步是选择和计划一次约会。从列出的清单中选出一个双方都同意的约会计划，并且写在日历上，思考要实现这个计划所需要完成的组织工作以及分工，例如提前安排好时间，平衡工作和照顾孩子，预订约会场所，准备约会的服装，等等。

第三步是约定好在约会期间暂时放下冲突，这也是最重要的一步。提醒自己和另一半，约会期间放轻松，不提及任何冲突或争论点，小心可能会破坏约会的敏感话题，尽力避开它们，直到约会结束。努力创造一次美丽的约会回忆吧。

最后就是按照计划实施约会了。尽管一次约会不能从根本上解决你们的亲密关系问题，但却是开启亲密关系的全新阶段的一个良好契机。

④ 边界感：建立健康而清晰的家庭边界

案例："连体"母女的纠缠生活

洋洋，14岁，女孩，初中二年级，她有一个二十四小时全天候待命的妈妈。妈妈怀孕前工作就不顺心，加上双方老人都在外地，妈妈在怀上洋洋之后就离职了，全心全意地当上了全职太太。随着时间的流逝，妈妈的生活变成了全部围绕着洋洋，并且只有洋洋了。洋洋有一点风吹草动，妈妈都如坐针毡：洋洋出去和朋友玩，妈妈一通电话接着一通电话，放心不下；洋洋成绩有波动，妈妈焦虑得吃不下饭睡不好觉。这样的生活不仅让妈妈不堪重负，也让洋洋无法喘息。

洋洋和妈妈坐在咨询室中，两人的椅子挨得很近，洋洋漫无目的地看向窗外，妈妈的目光则始终追随着洋洋。

我走进咨询室，向她们问好。洋洋冲着我甜甜地笑了一下，妈妈没有看到洋洋对我的回应，轻推了一下洋洋的肩膀，责怪她没有礼貌，我赶紧向妈妈解释刚才的情况，妈妈才放下心来。

妈妈看向洋洋，问道："你自己说，还是我替你说？"

洋洋瞥了妈妈一眼，说道："是你要来做咨询的，你说。"

妈妈面露难色，正了正身子，说道："您也看到了，这个孩子越大越不懂事，小时候乖乖巧巧的，很可爱也很听话，真没想到大了点儿变成现在这个样子。休息时跟同学出去玩，只要她出去了，你就别想找到她了，发消息不回，打电话不接。这么大的孩子了，房间乱得像猪窝一样，哪里是女孩子的房间呀，人家女生都干干净净的。最头疼的就是她的学习，好像给我学的一样，没有一点儿自觉性，而且越来越不听话了，总是有自己的想法。"

"我是一个人，当然会有自己的想法！既然你说了，那我也好好说一说。我之所以出去了不回复消息，也不接电话，是因为你之前几乎每隔半个小时就要问我'在哪里，在干吗'，真是太疯狂了，我根本没办法好好跟朋友玩了。如果我没有及时回复，你立马打电话过来，劈头盖脸就是一顿说，我实在是受不了了，之后才开始不理你的。还有我的房间，那是属于我的房间吗？你不仅要求我把房间收拾干净，还要让我按照你的方式收拾。有一次我好不容易打扫了房间，上了一天学，回来就发现你把我的房间大变样了，房间的好多东西被你收得乱七八糟的，有的东西我到现在还找不到呢！最后，咱们说说学习。妈妈，学习是我的事，你能不能不要把它弄得像你的任务一样：考得好了，你觉得是你指导教育得好；考得不好，你就说我不够努力，没有用心。还有，你给我报的兴趣班，我根本一点儿兴趣也没有。我才初二，你就把我未来的职业方向都计划好了，完全没和我商量，你也不管我喜不喜欢，想要做什么，就自顾自地安排好了一切，我怎么可能有动力学习呢？！学得好了与我无关，学不好就是我的责任，我才不要好好学习呢，我不要为了你的梦想努力，我才不要让你得逞呢！我已经14岁了，我是一个独立的人，我有自己的喜好和想法。我知道你爱我，从小到大一直用心照顾我，陪在我身边。可是，妈妈，继续这样下去，我也真的受不了了！我不是你的附庸，更不是你，妈妈，放开我的生活吧，我快喘不了气了！"洋洋的胸口起伏着，好像每一下呼吸都异常艰难。

妈妈的眼神呆呆地看向前方，呢喃道："是啊，你无法喘息，我也无法好好呼吸了，我也没有自己的生活了。"

关键词：边界

在心理学中，边界是心理空间与外界的界限。个人边界很重要，明白边界在哪里，能让我们感到自己作为独立个体受到尊重，也让我们对自身的认识更清晰。同样，在家庭中也需要边界，让成员之间更好地相处，使家庭氛围更和谐。家庭边界与个人边界略有不同，家庭就像一个大系统，需要通过内部的子系统发挥作用，维持生活的正常运转，这些子系统包括"夫妻""亲子""兄弟姐妹"等，家庭边界指的是这些子系统之间的界限。

家庭边界不清，可能致使家庭成员不承担或过度承担责任与义务，导致家庭关系与互动陷入混乱。家庭边界不清，主要有以下3种：当家庭边界过于疏远时，会出现关系上的疏离与情感上的忽视；当家庭边界过于紧密时，会形成控制与依赖，甚至过度卷入；还有一种则是没有稳定一致的家庭边界，边界毫无规律，也不可控制，这是最难处理和负面影响最大的一种形式，孩子在这样的家庭边界中生活，常常感到不知所措和无力应对。

家长操作指南

一、平衡：建立健康的家庭边界

如何建立健康的家庭边界呢？首先，<mark>建立清晰的家庭边界</mark>。清晰是指每个家庭成员都能较好地明确自己的角色，承担着与其家庭角色相对应的责任与义务，按照相应的结构进行互动，既有相对独立性，又能有效联结。

其次，<mark>建立灵活的家庭边界</mark>。灵活是指家庭边界可以根据具体情况和环境，进行合理变化与及时调整。在不同的时期，孩子的需求是不一样的，这就需要父母对孩子的真实需求有所觉察和思考，保证家庭边界的弹性。例如青春期就是一个特殊的时期，在这个阶段，孩子渴望对自我生活有所掌控，希望个人隐私得到保护和尊重，同时需要保持相对畅通的言语沟通与情感交流，因此需要在家庭边界上做出调整，在物理和心理空间上给予孩子更多的自由、关爱和支持。

最后，<mark>平衡个人边界</mark>与家庭边界。为人父母，让人难过的一个地方在于，与孩子相遇的这段旅程，是以分离作为终点的。同时，这也是令人欣慰的地方，因为分离的成功完成，说明了自己的孩子已经成了独立的个体，可以独自面对这个世界。随着孩子的成长，父母不仅要承担起养育的责任，守护家庭边界，也要关注自己的需求，适时调整自己的生活重心，关爱个人边界。

当你的家庭建立起健康的边界后，孩子就仿佛生长在既受到保护又独立自由的土壤里，朝着健康幸福的方向发展。

二、放手：感受真正的独立自主

想要打破洋洋与妈妈之间的纠缠生活，除了建立起健康的家庭边界外，让她们彼此感受和懂得真正的独立自主也至关重要。每个人都终将成长为独立的个体，教育也在积极倡导培养孩子的独立自主，但是，对于大多数人而言，并不知道其中的原因。

为什么需要独立自主呢？因为个体获得独立自主的过程，也是其建立自尊、感受自我价值、提升适应性和获得幸福感的重要过程。一个人的独立自主发展得越好，他在以上这些方面也会发展得更好。此外，独立自主可以充分激发一个人的成就动机，提升他的满意度，并在此基础上促进他的成就表现。所以，能否成功地过渡到独立自主，影响着一个人的全面发展和心理健康水平。

作为家长，如何做到真正的独立自主，又如何让孩子成长为真正独立自主的人呢？关于独立自主，有一个误解，很多人认为想要达到独立自主，就必须与父母分离，摆脱父母的束缚，甚至故意与父母对着干。其实，孩子想要顺利完成独立自主的发展任务，父母是重要的支持者。尽管在独立自主的过程中，可能与父母发生冲突和不快，但独立自主并不意味着与父母决裂或背道而驰。我们生活在充满关系的世界中，无论一个人多么的独立自主，都不代表他可以断绝一切关系，达到绝对意义上的独立自主。相反，真正的独立自主是在不同的关系中，享有一定的独立性和自主权。所以，在孩子走向独立自主的过程中，父母需要明确自己的角色，让孩子感受到有父母在支持他，并愿意陪伴和帮助他完成这一艰巨的任务。

接下来，父母需要帮助孩子在独立自主的过程中确认自己的能力。学习一门知识、运用知识，学习技能、实践技能，不断地尝试，从错误与失败中吸取教训、总结经验，这些对于孩子而言都是一种能力的学习与提升。当面对问题和挑战时，孩子需要经历一次次尝试，体验尝试后可能的成功与失败。如果成功了，孩子感受到了付出努力后收获的喜悦；如果失败了，孩子也积累了走向成功的经验，孩子就是在这样的尝试中确认自己的能力，从而达到真正的独立自主。很多家长倾向于帮助孩子解决问题，好让孩子过得轻松一些，成功得快一点。他们不仅迫切地希望孩子成功，还希望孩子能尽量少走弯路快速地成功。可是他们忽略了一点，如果经常这样帮助孩子，不给孩子独立解决问题的机会，不让孩子去尝试、去犯错，那么孩子渐渐会丧失主动解决问题的动力，遇到困难和挑战，他可能会不自觉地往后退，继续向外界和他人寻求帮助，继而无法获得独立自主。因为在家长帮助孩子解决问题的过程中，孩子慢慢地不相信自己的能力了；同时孩子会看到，"没关系，反正我的爸爸妈妈会搞定的"，这无形中也不利于孩子学会承担自己的责任。所以在有些时候需要学会放手，给他们提供探索和尝试的机会，让他们自己做出选择并承担其后果，鼓励他们发展自我意识，建立起自己的价值观。孩子在这样的支持中学习独立自主，他会明白独立自主不是自我隔绝，更不是孤立无援，而是成长过程中的必经之路。

三、冥想：学会更好地与自己相处

　　和自己相处是一种能力，它影响着个体的独立自主和生活质量，以及与他人的关系。洋洋的妈妈因为无法好好地与自己相处，不得不将注意力全部投注到洋洋的身上，既吞没了孩子的生活，也让自己心力交瘁。所以掌握这项能力，对每个家长都至关重要，不仅关系着您的福祉，也影响着孩子的健康成长。

　　拥有了这项能力，能为您带来什么样的好处呢？首先，如果你能好好地与自己相处，你不仅不会过度寻求孤独，还会积极地维护人际关系。因为不爱自己的人很难好好与自己相处。正是那些爱自己，也认为自己值得被爱的人，才能在独处时，满足自己精神和情感上的需求，做到真正的"自给自足"。同时，他们也乐于维持与他人的联结，愿意被他人所爱。其次，当你拥有了独处的能力，也就意味着你不必完全或过度地依赖他人，你能够在关系和生活中安抚自己、满足自己。这给你提供了机会，让你在与他人的关系中，可以更真实地做你自己，不必过度担心暴露自我会失去对方。另外，与自己相处的能力，促进你对自己有了一份认可和确定，也让你有更多的时间和心理空间去探索自己、感受自己。

　　如何拥有这份能力呢？首先，你需要减轻自己对于独处的恐惧。很多时候，人们害怕独处，是因为不了解它的益处，想一想前面提到的与自己相处的好处。接着，给自己创造一些独处的机会，通过不断地练习来逐渐获得与自己相处的能力。下面提供一个"安全岛冥想"练习，可以帮助你在独处时使用。

　　找一个安全的、不被打扰的空间，让自己舒服地待着，你可以采取任何姿势，躺着、坐着、趴着等，确保你是舒适的就好。

　　轻轻闭上眼睛，感受空气从鼻腔进入，从头到躯干再到四肢，感受所经之处的紧张感，随着气体的呼出被带走。重复进行 3 ~ 4 次。

　　接下来，想象一个地方，在那里，你感到平静、自在、安全。这里可能是你曾经到过的地方，或者你做梦都想去的地方，又或者你只是在哪里见过它、听说过它。

请你好好地看一看这个地方，这个地方都有哪些颜色呢？接着，仔细听一听这个地方的声音，都有哪些声音呢？你有没有闻到什么味道？你的皮肤上有什么感觉吗？温度怎么样？周围有风吗？你有触碰到什么东西吗？

接下来，请你给这个令你感到平静、自在、安全的地方取一个名字，用一个词或者一句短语。你可以在任何时候回到这里，这个令你感到平静、自在、安全的地方，只要你想起这个词或者短语。

你可以在这里继续待上一阵子，享受它带给你的平静、自在和安全。你也可以在任何时候离开这里。当你想要离开的时候，睁开眼睛，环视四周，觉察你所在的环境。

以上练习可以帮助你充分地感受自己、安抚自己和肯定自己，愿我们每个人都可以更好地与自己相处。

❺ 隔代卷入：父母是养育孩子的第一责任人

案例：难以承受的"承上启下"

耳朵，16岁，女孩，高中一年级。之所以叫耳朵，是因为她总是能听到各种声音。耳朵在五口之家中长大，爸爸、妈妈、爷爷、奶奶，还有耳朵。她收获了很多的宠爱，也不得不听进很多声音。爸爸和妈妈对耳朵的成长有不同的规划，爷爷奶奶也有不同的教育理念。很多时候，面对耳朵的事情，家里有着各种各样的声音，五花八门的建议和方法满天飞，让耳朵不知该听向何方。

耳朵转了一圈，向我展示她今天的穿着。

"你看，我今天本来想穿制服裙套装，但我老爸说太正式，让我穿连衣裙；我想问下老妈的意见，她说由我自己决定，穿什么都好，重要的是自己喜欢开心；奶奶看我决定穿连衣裙，立马把外套拿给了我，说春捂秋冻，现在还是得多穿点，热了可以脱。幸亏今天早上爷爷出门锻炼了，如果爷爷也有不同建议，那我真是头大了。"耳朵耸耸肩，略显无奈地说。

在耳朵的记忆中，几乎每天都会出现以上的局面。自耳朵出生，耳朵一家就以三代同堂的五口之家为单位生活着，这既是她的幸福源泉，也是她的烦恼之处。

耳朵认真地说："我的老爸老妈性格挺互补，两个人是在学生时代自由恋爱走入婚姻的，跟我同学们的父母比，他们的感情也是相当不错的。爷爷奶奶为人朴实善良，没读过什么书，好像小学都没有毕业，他们只有我爸一个儿子，所以对我爸爸的学习方面并没有过多的要求，向来觉得只要他愿意读，他们就会供下去。听爸爸说，他小时候学习不错，很有成就感，也因为成绩好在老师和同学面前混得很好。不过，按他的话说，他不是那种聪明的孩子，一路的好成绩都是靠着苦学拼出来的。现在到了我这里，他就想用不一样的方式教育我，让我有更多的机会去自在地学习。妈妈这边就不一样了，听她说，姥姥姥爷对我舅舅很严格，但对妈妈却十分包容，无论是物质上还是精神上都尽心尽力给她最好的。

被宠爱长大的妈妈，从小就自信、开朗，不仅关注学习，也有自己的兴趣爱好。妈妈的求学之路顺风顺水，而且丰富多彩。所以面对我的学习，妈妈也没有太多的要求和引导，只是让我认真感受学习知识的过程，享受单纯地汲取新知识的快乐和美好，同时鼓励我多去尝试，寻找自己的兴趣爱好，把生活过得充实起来。"

耳朵拿起杯子，喝了一大口水，接着说道："爸妈的感情很好，能够沟通交流，不太会因为分歧而争吵。可是……可是爷爷奶奶和爸爸妈妈之间很容易起冲突。爷爷奶奶觉得爸爸能有今天的成就，他们没有帮上什么忙，都是靠着爸爸自己努力学习取得的，因此希望我可以效仿爸爸的求学经历，同时觉得妈妈的成长经历只是个例，不值得借鉴。在很多学习的问题上，爷爷奶奶都是站在爸爸妈妈的对立面，爸爸妈妈常常很无奈，虽然理解爷爷奶奶的想法，但是无法认同，也不好多说什么。另外，他们四个人最大的争端是在生活方面，这也是最让我苦恼的地方。三代人，完全不同的成长环境和背景，对于生活的看法和主张也不同。有的时候，一个生活上的小细节，我能听到四种不同的声音，搞得我不知道到底该听谁的，真的是烦死了，而且他们每个人还都是真心为我好，我真是太难了！"耳朵抱着脑袋，缩在一起，像一团剪不断理还乱的线团。

关键词：隔代教育

随着经济的发展、生活结构的改变和生活压力的增大，隔代教育已经成了热门话题。隔代教育是指祖辈对孙辈的抚养和教育，例如父母由于工作繁忙或与祖辈一起居住生活等原因，主动或被动地让祖辈参与到孩子的日常照料和成长教育中。

在我国，隔代教育较为普遍和多见，尤其是在北京、上海、广州等工作压力大的一线城市。关于隔代教育的好处和坏处也是众说纷纭。有的研究显示，隔代教育可以减轻年轻父母的育儿压力，也可以丰富祖辈的生活；也有调查表明，由于父母与祖辈在教育背景、成长环境和生活理念上的差异，隔代教育带来的分歧与摩擦也是屡见不鲜。因此，对于隔代教育，需要引起重视，努力存利去弊，尝试科学地减少和化解隔代教育的矛盾，构建健康的养育模式，共同助力和守护孩子的成长。

家长操作指南

一、父母和祖辈应在同一条战壕

不管你是迫于无奈将孩子交给祖辈教育，还是自愿邀请祖辈的参与和帮忙，孩子和他的照顾者之间存在一种特殊的情感关系，在心理学上称为依恋。它产生于孩子与其照料者相互交往的作用过程中，是一种情感上的联结和纽带。父母无疑是孩子的依恋对象。在祖辈参与的养育中，祖辈自然也被孩子纳入依恋的范畴。这是因为人们生来就倾向于依恋他们早年间的看护者，孩子可以从与看护者的交往中形成既定的反应模式，获得安全感，这种安全感进而又帮助他们发展出处理各种经历的情绪调节系统。

然而，如果父母和祖辈采用不同甚至是相反的观念和方式教育孩子，就会在孩子心中产生矛盾：为什么妈妈说夏天一定要注意防暑，奶奶却不让我吹空调？这种矛盾会极大地破坏孩子安全感的形成。一旦矛盾升级，父母和祖辈的共同养育关系由合作演变成竞争就会破坏原本稳定的家庭结构，使父母与祖辈的关系变得复杂而微妙。长期处在这种矛盾的家庭氛围里，孩子会对此捉摸不定，进而无所适从：这究竟是怎么一回事？我到底该听谁的？原本属于家庭抚养者之间的冲突，最终可能演变成孩子内在秩序的混乱。所以，为了守护孩子的成长与心理健康，父母和祖辈应在同一条战壕，对孩子尽可能做到行动一致、口径一致，避免给孩子传递矛盾的信息与观点。

二、建立父母为主、祖辈为辅的养育模式

不管是迫于无奈将孩子交给祖辈教育，还是自愿邀请祖辈的参与和帮忙，都需要明确，**父母才是孩子成长的第一责任人**。父母可以依靠祖辈，但是不能依赖祖辈。即使工作忙、事业重、生活负担大，也应该投入一定的时间和精力，回归家庭教育中。孩子作为一个没有成长完全的个体，他的成长离不开父母的关爱与保护，父母的角色是不可替代的。

在明确父母是孩子成长的第一责任人的基础上，祖辈参与养育，可以兼具两代人的教育经验和智慧，发挥父母和祖辈各自的教育优势。为了实现父母为主、祖辈为辅的养育模式，一方面，**父母担任孩子成长的第一责任人**，承担起教育孩子的主体责任，祖辈也要尊重并遵循父母为主，祖辈为辅的基本教育原则；另一方面，祖辈作为辅助的支持力量，协助父母促进孩子更健康地成长。通过完善养育模式，达到 $1+1>2$ 的效果。

为了减轻两代人在观念和教育方法上的冲突，父母与祖辈保持畅通的沟通渠道就显得尤为重要。通过有效沟通，求同存异，将祖辈经验与父母知识相结合，两代人在教育思想和目标上建立起统一战线，以沟通获得相互之间的信任和支持，采取真正适合孩子成长的科学方法，为孩子的成长提供更好的环境。前面说过，父母和祖辈应该在同一条战壕自然最好，可如果发生了矛盾，那应该怎么办？答案是，如果出现分歧，祖辈应该尊重父母做出的决策，维护父母在孩子心中的权威地位，帮助父母与孩子形成健康的亲子关系。

这就要求父母做到以下几点：首先父母也要认可祖辈的付出，平衡双方的教育理念和行为，最终达成一致。其次，如果发生了不可调和的分歧，要记住不论怎样，父母是孩子成长的第一责任人，最终的决策权在父

母。最后，发动整个家庭——包括祖辈，也包括自己和伴侣——与时俱进，开拓教育观念，不断学习现代化的教育方法，运用科学的方式陪伴孩子、保护孩子和教育孩子，促进孩子全面和全方位的成长与发展。

耳朵一家就通过咨询建立起了父母为主、祖辈为辅的养育模式。他们召开了全家人参与的家庭会议，一起厘清了平时容易出现矛盾和分歧的方面，尤其聚焦了之前最大争端的生活方面，并最终在照顾和教育耳朵这件事上达成了统一。爷爷奶奶决定尊重父母的方式，给予耳朵自由的发展空间，让她探索自己的喜好和兴趣；同时在父母较忙的时候，负责照顾耳朵的生活细节，在与孩子商量的前提下，支持和帮助孩子。

三、了解家庭中的代际传递

代际传递指的是上一代人对下一代人的影响，这种影响既包括生物遗传因素，也包括心理因素。依恋类型、婚姻模式、情绪反应和教养方式等，都是心理方面的代际传递在家庭中的体现。在不同教养方式下成长起来的父母，当他们拥有孩子后，他们对孩子的教养方式也在一定程度上受上一代教养方式的影响。了解自己家庭中的代际传承，可以帮助我们明晰教养方式对我们的影响，以及我们以怎样的方式传承教养方式，教育我们的孩子；同时帮助我们辨别在教养方式中，有哪些期待、要求和理念是代际传承的产物，又有哪些是合理和客观的存在。

经过咨询，耳朵一家进一步了解了属于他们的代际传承。妈妈成长在自由和包容的家庭氛围中，尤其是对于女孩，采取的是对学习顺其自然，关注孩子全面发展的教养方式，妈妈认同这样的教养方式，在教育耳朵的过程中，传承了这一教育理念。在爸爸的成长中，爷爷奶奶由于对教育不够了解，选择了放手，尊重爸爸的自然发展。爸爸在懵懂中把全部的注意力投入学习，他既体会到了学习的重要性，也深知只关注学习的匮乏，以及对于自身发展的限制。因此，在对耳朵的教育中，爸爸既传承了爷爷奶奶的放手与自由，同时基于自身经历，决定采用相反的方式，给予耳朵更多自由学习的机会。爷爷奶奶对于教育没有太多的思考和经验，但是看到爸爸的成功，他们希望将教育爸爸的方式，运用到对耳朵的教育中，并期望耳朵可以复制爸爸的成功。通过家庭会议，爷爷奶奶意识到了时代在进步，教养方式也在不断更新。爸爸的成功可以借鉴，但不能复制，应该根据耳朵的自身特点，定制专属于耳朵的成长路径，尊重父母对于耳朵的教养方式，也尊重教育对于孩子全面发展的要求。他们更清楚彼此在教育耳朵时的执着与期待，也更理解每个人背后的美好愿望，以及共同为了耳朵健康成长的目标，他们不再是四散的线团，而是成为齐心协力的绳索，一起守护着耳朵的成长。

Part 4
网络使用篇

"游戏成瘾"　　　　停不了短视频

沉浸 "二次元世界"

朋友圈迷雾

想当网红

1 "游戏成瘾"：小步子技术，助孩子自由且自律

案例：屡戒屡犯，边玩边苦恼

阿旭，15岁，高一。中考结束的暑假里迷上了电脑游戏，作息时间紊乱，一起床就玩游戏，一玩一整天，困了才睡觉。不愿出家门；说话仅限于游戏中与队友沟通，不愿与家人多交流。上高中后自己虽然也知道游戏玩得太过分了，可每到放学回家还是想玩，忍不住打开游戏，一玩起来又控制不住自己，边玩边苦恼。

"咚咚咚。"

"请进！"

门应声打开，来人是一个中年女人，后面藏着一个高高的男孩。没有藏住的，是满脸满头的油脂角质。阿旭一万个不情愿地被妈妈带到咨询室来。

刚看到他蓬头垢面的样子，我暗忖：不论什么原因造成的，他的日常生活都受到了一些影响，这不是一个轻松的案例。

妈妈闪身进来，同时将他拉进门里，我得以进一步端详他。他是一个高高

瘦瘦的小伙子，本就瘦小的母亲竟然可以完全盖得住他的身材。也许是紧张，也许是多日没洗头太痒，阿旭使劲挠了挠头发，本就乱蓬蓬的头发这下成了鸡窝。可身上的 T 恤雪白、长裤笔直，这与他的脑袋形成了有些滑稽的反差。我稍稍安心，看来他还是会穿上父母给他准备好的衣裳，只是不愿意进一步去打理自己。

"上几年级啦？长得这么高。"我试着与阿旭进行交流，没得到回应。看到阿旭满脸的不好意思，我先对妈妈进行了访谈，并故意让阿旭在场，看看能不能通过观察他的反应找一些突破点。

"他呀，游戏成瘾了。"妈妈倒是十分大方。孩子听到后很不高兴："这不能叫上瘾，我只是爱玩而已。"孩子也开口了，这让我很是欣喜。我就是否算成瘾的问题继续谈下去，希望得到更多的信息。我说，的确，成瘾是一个有明确标准、需要严格界定的科学概念，在直接下判断之前，要先说说具体的行为表现才行。

妈妈开始详细说起来。初中时候的阿旭是一个特别乖的孩子，每天放学回家就打开书本学习，写完作业还会按照妈妈的要求做额外的复习、预习。学习累了，游戏是他的休闲方式：平日拿手机看看直播平台上的游戏视频，周末偶尔上手玩玩。中考结束后，阿旭便放飞自我，长达两个月的暑假里每天从下午玩到后半夜，上午睡觉，中午起床，黑白颠倒。妈妈见他考得不错，被理想的高中成功录取，也心疼他一直以来的努力，便任由他玩不再约束，还奖励了他一套游戏专用的键盘鼠标。谁知高中开学了，阿旭仍然放学一回家就坐在电脑前玩游戏，周末也是一起床就一屁股坐在电脑前，不写作业也不复习，一天天满脑子就知道没日没夜地玩游戏，怎么说都不听……

"谁说的，我上周三、上周六都没玩。"儿子打断道。

"当初就不该让你念走读高中，让你天天住校，看你还能玩个屁……"眼看母子就快吵起来，我赶紧打断，并将话题抛给阿旭。半小时过去了，阿旭一句话都没有说，现在好不容易开了口，我要抓住这个机会："能不能具体说说上周三和周六为什么没玩儿？"

"那天的数学课是个习题课，老师说这些题都是之前作业里的原题稍微变个型而已，可我见都没见过，一道题也没答上来。我就记下来，回家翻书翻练习册，终于都搞懂了，也累个半死，就直接睡了。从这之后，我有点儿担心一直玩下去会耽误学习，考不上好大学，就打算从周六开始再也不玩了，结果吧……老师，其实我也不是满脑子就知道玩，只是有时候一玩起来就控制不住自己……"

"所以周日又开始玩了是吗？"我帮他补充。

"是的。"

关键词：自控力

咨询师在上文中挖掘到阿旭玩游戏，阿旭心里知道一直玩下去会对学习造成影响，也想控制自己不玩电子游戏，但控制不住，坚持一两天便"旧病复发"，又玩起来。这就是我们常说的"自控力"不足。

自控力，即自我控制的能力。

自控力的内涵比较丰富，其核心特征是延迟满足的能力，即为了达到长期的目标，来抵御当前诱惑的能力。对于阿旭来说，在他一开始沉迷游戏的时候是只一味地玩着当前的游戏，然而在那次一道题也没答对的习题课之后，阿旭意识到自己是有长期目标的：考上一所理想的大学。也正是从那时开始，阿旭有了延迟满足的动机：我要保持学习的状态，这样才能考上理想的大学。而游戏对于学习已经造成了明显的影响，因此，阿旭决定不再无休止地玩游戏了——即使游戏很好玩，可以让他得到一时的满足。

自控力的第二个特征，是要自己给自己设定规则，并努力去遵守。自控力的本质特征是"自我"，自己管理自己，自己控制自己，而不需他人与外界的干涉。青春期正值自我意识发展的高峰期，激素分泌旺盛，自我控制发展不均衡是普遍存在的现象。子曰："吾……七十而从心所欲，不逾矩。"这种在规则的范畴内随心所欲的境界，孔子七十岁才能实现，要想让十几岁的青少年达到，实在是强人所难。果然，阿旭在决定不玩游戏后，也给自己定了规则，就是从周六开始"再也不玩了"。但结果很不理想：只坚持了一天，就宣告失败，规则并没有得到有效的遵守。

为什么规则这么难遵守？这是因为自控力还有第三个特征——自控力并非像骑自行车一样，一旦学会就终生不忘的能力，而是一种有限的、会被损耗的心理资源。也就是说，想让一个人永远自律自控是不可能的。自控会给自己产生压力，这些压力需要一个出口去释放，而自控这个心理资源也需要借此机会进行恢复与重建。如果不进行科学合理的规划，而是盲目使用，资源就会枯竭。阿旭将规则定为"再也不玩了"，这对于每天一放学回家就打游戏的他来说，显然是不可能完成的任务。

其实大多数所谓沉迷于电子游戏的孩子都跟阿旭一样，也想控制自己玩的时间甚至彻底不玩。有的孩子甚至边玩边焦虑，可已经被游戏所绑架，想挣脱却做不到，索性继续在游戏中沉沦了。

家长操作指南

一、期待值不要过高

什么是"期待值过高"？就是你的期待值超出了现实可以达到的范围。比如孩子上次考60分，下次就想让他考100分；或者想让一个孩子突然变得自控力强大如七十岁的孔子一般，这显然是不可能实现的。这种情况我们一般会理解。还有一种情况，是"得寸进尺"，即孩子考了60分就想让他考70分，考了70分想让他考80分，考了80分想让他考90分，考了90分想让他考100分，考了一次100分就想让他下次、下下次、下下下次……都考100分。孩子不可能一直突破极限，这种企图无休止进步的期待也是不合理的。如果一个孩子管不住自己，每天放学后的时间都在打游戏，那么无论是期待他立刻停止游戏投入学习，还是期待他能够通过一系列的方法最终达到高考前乃至终生不玩游戏，都是不可能实现的。作为家长，想要转变孩子的行为，先要端正自己的认知。家长需要做到降低期待值，不要期待过高。

从逻辑上说，既然孩子现在已经不听家长的要求，甚至自己想不玩都没有办法听自己的话了，那么家长期待过高，试图让孩子彻底"戒除网瘾"，孩子现在也是玩得停不下来，而家长放低期待值，孩子现在也是停不下来。可见家长的期待对孩子目前的行为改变没太大影响。然而，高期待会让家长反复对比孩子现状与心中理想的状态，发现其间的巨大差距，徒增焦虑。这种焦虑会在家庭生活中有意无意地传递给孩子，孩子接收到焦虑后，或者会增加自己的焦虑，或者会产生逆反心理，这些都不利于改变长时间玩游戏的行为。从实际功用上说，如果家长接受现状并降低期待值，就会感到孩子的改变并不会很艰难，是大有希望的。事实上，对于爱玩游戏的孩子，能够让游戏不影响生活与学习，就已经足够当作终极目标了。将期待值降低到合理的范围内，家长也会发现孩子其实也有想改变的愿望，只是被隐藏在内心深处，在游戏之中了。期待值低的家长可以允许孩子慢慢来，不会心急，甚至家长作为成年人，一旦面对孩子对于无法达成目标的苦恼，还能够及时疏解孩子急躁烦闷的情绪。

二、运用小步子技术

小步子技术是减少电子游戏乃至其他电子产品使用频率、使用时长的简单实用的技术。所谓"小步子技术"，顾名思义，就是强调进步的步伐要"小"，要小心翼翼、谨慎地前进，避免步伐过大，损耗自控力，并对自信心造成打击。

在阿旭的案例中，咨询师发现阿旭过于着急，并且对于控制不住自己玩游戏感到非常苦恼。这是一个关键点，说明他其实是有改变的愿望并付诸实施的，只是没有找到方法。既然如此，咨询师向阿旭介绍了小步子技术，并在其后的几次咨询中，逐渐将其作为主要的干预技术。

阿旭终于开口后，咨询师抓住机会进一步问道："大约一天玩多久？"

"3 个小时。"

"是正好 3 个小时吗？玩的时候有没有记录时间？"

"没有。"

第一次会谈结束时，咨询师给阿旭留了一个小任务：接下来的一周，不需要刻意控制自己玩游戏的时间，跟以往一样地玩就好。只需要多做一件事情：做一个 Excel 表格，在打开游戏前和关闭游戏后顺便打开它，记录一下当时的时间，算出当天玩游戏的准确用时，下周日的会谈前再算出本周玩游戏的平均时间就算完成任务。

一周后的第二次会面，阿旭的沮丧溢于言表："咳！本来以为我一天玩 3 个小时游戏的，谁知道这一周算下来，我平均能玩 4 个小时！"咨询师表示，这非常好，因为我们已经得到了准确的数字，不然我们还以为一天玩 3 个小时，就会按照 3 个小时来计划接下来减少玩游戏的时间，一定没有现在得到准确时间的情况下计划得更加科学合理。因此，现在的状态就是我们进入计划最好的时机。这些话让阿旭受到了鼓舞，他提出要做到每天只玩一个小时。咨询师为他简单地讲解了自控力的三大基本特征以及小步子技术的原理，阿旭意识到了应该将眼前的规则制定得简单易行一些，自己也会更从容有信心地完成。咨询师随后与阿旭商议：接下来的一周里，尝试着每天玩 3 个小时就行——当然依然要用 Excel 表来记录，并计算每天游戏用时即本周各日平均用时。

又过了一周，第三次会面。阿旭一见面就兴冲冲地宣布："这周我前六天每天都玩了 3 个小时，昨天还挑战了一下，只玩了 1 小时 20 分钟就把电脑关掉啦！"这让咨询师有些担心，因为这种行为是在提前预支自己的自控力，自控力在上周的最后一天消耗过快，容易使下一个周期的进步感到吃力。虽然如此，咨询师并没有表露出担忧，更没有批评阿旭，只是提醒他不必勉强。然后与阿旭商议，将下一周的目标拆解得更加细致——一周之内课业压力较大、作业较多的三天争取只玩 2 个小时，其余的几天可以玩到将近 3 个小时，平均下来每天比上周少玩半个小时，保持在 2.5 个小时。任务看上去如此简单，而且上周也如此轻松地完成，这让阿旭信心满满，保证道："老师你放心，这我绝对能做得到！"

这次果然失败了——阿旭只在第一天玩了 2 个小时后开心地关了电脑，随后的几天都玩到 3 个小时才恋恋不舍地下了线。一周后的第四次见面，阿旭变得十分沮丧，怀疑自己这点小事都做不好。面对沮丧不安的阿旭，咨询师在进行积极心理建设的同时，也与他共同探索了本周效果不理想在心理学上的原因：连续两天玩得过少，导致自身难以适应，过度消耗了自控力。同时，咨询师指出，令人惊喜的是，从第二天起，阿旭能在自控力消耗过度的情况下，仍然维持上个阶段玩 3 个小时的目标不退步，事实上，算上第一天的 2 个小时，还小有进步，这是多么难能可贵啊！而且阿旭已经可以在困难的情况下完成 3 个小时的目标，看来这一目标已经被阿旭轻轻松松地实现了！这些话让阿旭备受鼓舞。咨询师接着同阿旭分析，这次失败的原因也在于目标还是设置得有点快，我们可以再慢一些。既然阿旭第一天玩了 2 个小时，那下周阿旭可以选择两天玩 2.5 个小时，其余每天仍然玩 3 个小时，这样我们可以把节奏稳稳地控制起来。而且，就算有一天又回到过去，一口气玩了 4 个小时，都不用担心难过，因为一点点的退步是自控中暂时的、正常的现象。只要保持原有的节奏，退步后一定可以再进步回来。

"真的吗？"阿旭不敢相信对面坐着的咨询师刚刚吐出的话。显然，他对做不好的负担放下得更多了。

在以上对小步子技术的运用中，可以看出基本用法与步骤——

- 与孩子进行平等的、友好的协商。
- 精准确定行为改变开始的基线，将所要改变的行为进行量化与可视化（记录每日玩游戏的时间）。

- "小"是核心思想：每一阶段的进步都要将幅度控制得小而明显。

- 允许进两步退一步，退一步不代表永远退步，接下来依然可以进步。

- 小步子技术中，鼓励十分重要。甚至当孩子出现退步时，也要找到闪光点，及时加以积极的肯定与鼓励来消解其负面的情绪，让孩子继续以饱满的热情投入接下来的目标中。

- 要有耐心。因为步子小，所以战线长。在此期间，要始终坚守前面几点不妥协。

阿旭做的"游戏时间周记录表"在手册中有空白表（详见表 13），可供参考，也可直接在手册填写。

三、不要企图永远戒掉

游戏似乎永远是广大中小学生家长心中的恶魔，恨不得让自家孩子永远远离。可对于将一个把游戏填满每天所有空余时间的孩子来说，这是不现实的。永远戒掉电脑游戏，既不可能，也不必要，能控制在不影响日常生活就可以了。还记得前文"期待值不要过高"中说的"得寸进尺"吗？得寸进尺很容易在小步子技术进展到后期出现，尤其是进展得还相当顺利的时候。此时，无论家长还是孩子都容易被接连不断的胜利冲昏头脑，盲目提升接下来的目标。

在阿旭的案例中，高一上学期即将结束时，阿旭已经达到每天只玩 1 个小时了，而且是在当天课业完成后才玩。而游戏在阿旭手中也终于摆脱异化，得以回归它本身具备的属性功能。做完了一整天的功课后，打开电脑玩 1 个小时，随手记录游戏时间，已经成为阿旭调节学业压力的一种休闲方式。寒假到了，空余时间增多，也有几天的游戏时间增加一些，但阿旭告诉自己，偶尔的退步是正常的，也是允许的。如果当天作业完成得不错，也会奖励自己多玩一会儿。这样一个月的寒假计算下来，平均每天玩一个半小时，而这一个半小时已经完全不影响日常生活学习了。

事实上，一定量的游戏也是孩子调节情绪、获得快乐、释放压力，乃至人际交往的正常方式。那么，我们何必要将电脑游戏妖魔化，否定它的一切呢？

② 停不了的短视频：换个视角征服"奶头乐"

案例：好奇心也是枷锁

花花，15岁，女生，初中三年级。沉迷某平台的短视频，常常一口气刷一整天。原本广泛的兴趣也晾在一边。她自己也知道这样一直刷下去是不健康的，但就是控制不住自己。不料因祸得福，她对短视频的抛弃也源于刷到的一条短视频。

在青少年心理咨询领域的初诊接待中，大多是父母等亲属领着孩子前来，或者父母干脆自己先来"探探路"。在与咨询师交流时，咨询师问孩子的问题父母也往往不自觉地代答甚至"抢答"。花花却是我的咨询经历中仅有的"领着父母来"的孩子。看到平日腼腆的小姑娘这次竟然这么有主见，花花父母也颇为惊讶。

与花花最初的交流，是在我们于某短视频平台账号下的私信。在众多私信、留言中，她只留下了短短一句话，却让我觉得有趣：

"请问刷短视频停不下来怎么办呢？"

一个人一边刷短视频，一边想知道怎样才能不刷短视频，真有意思。我陷入发现了这个逻辑游戏的自我陶醉中。可我随即醒悟过来——这岂不是当代的西西弗斯[1]？这是一个多么痛苦的过程啊！

"你好，我很理解你的苦衷。我们可以试着通过心理咨询的方法来解决。"我回复道。

就这样，带着不解的父母，带着对我们发布的短视频的信任，花花开始了她的咨询。

"我原本有好多爱玩的事情，唱歌、画画、读书……可是自从发现了短视频后，已经好久不做这些事情了。我也想放下手机重拾过去的爱好，可就是怎么也停不下来啊，一玩起来就开心得忘了时间。不过话又说回来，短视频确实好玩，我给你看看我关注的短视频。"花花边说边飞速操纵着手机，调到关注列表界面，把手机递给我。我接来一看，好家伙，里面躺着上千个号。于是我问她为什么有这么多关注的号呢。这一问让花花来了精神："它们都可好玩了！这个是专门街拍搞笑视频的，这个是讲生活小窍门的，这个讲各种鞋带的绑法，这个是讲各种电视剧的。这个是个模仿达人，模仿明星可像了；这个也是会模仿，他能模仿各种人唱歌。还有这些，他们都是画画的……"我一边听着一边好奇：那她是怎么关注到我们的呢？

"这些都是你们心理学的。"我吓了一跳。原来心理学也是花花爱好的一个领域。刚刚迈入青春期，花花的身体上、心理上悄悄发生变化，她暗自期待又紧张，曾经鼓起勇气问家长老师，却得到了若有若无莫名其妙的回应，没关系，自己在短视频平台上搜索好了。

---

1 西西弗斯：古希腊神话人物，因触怒众神，被罚每日将巨石推向山顶，而巨石夜晚又会滚落下来，因此他只能日日重复、永无止境地推巨石。

"快看，这个就是你们的账号！你们的内容真丰富，我花了半天才刷到底。可是我把它们都刷完了，还是想再刷别的东西，一直刷一直刷，一天就过去了。"花花的确是一个对一切都充满好奇的孩子，刚进门就对咨询室的陈设四下张望。尤其是架子上琳琅满目的沙具，盯得她眼睛发直。想不到"好奇"也是困住孩子的枷锁。

后来，在几次咨询建立起信任的咨访关系后，她对我说了实话："其实你们的短视频做得不太好，不够吸引我。一般的短视频开始几秒钟如果没有勾起我想看的欲望，我就直接上滑刷过去了。实话说，要不是你们这个知识多，我才不会关注呢。"此言一出，我真的很惭愧，我们一直希望利用短视频平台向大众传播更多的心理学小知识，却只追求有"干货"，在制作、运营方面并不太用心。我心生一计，向她提议：能不能帮帮我们研究一下，怎么才能让我们也得到更多的曝光量，让更多人看到？

花花开心地领下了任务："这个我最擅长了，刷了这么多短视频，老师您就瞧好吧。"当时正值初中毕业长达两个月的暑假。暑假结束前的那次咨询，花花给我扔过来一沓厚厚的报告："现在我已经完全研究透了，短视频也不过如此嘛，没意思，不玩了！"

关键词：奶头乐

要想说清"奶头乐"的概念，还要从著名的"二八定律"讲起。二八定律指的是由于生产力的不断提升与竞争加剧，现今世界上 80% 的财富掌握在 20% 的人手中；其余 80% 的人口越发边缘化，他们被限制了财富的生产，因此只掌握了剩余 20% 的财富。这种现象的背后，意味着 80% 的边缘人口需要更多的满足，而这种满足又不可能是大量财富。因此，一种产业便应运而生：给他们制造一个"奶头"，这个奶头可以在当下迅速占领你片刻的时间，让你暂时忘掉生活中的种种压力，得到片刻的欢愉。但这种欢愉却是小剂量的，你的焦虑反而会随着不断刷短视频而增加，因为眼下的困境没有解决，又增加了因为浪费时间的懊悔。它不能长时间占据你的大脑去思考，不然大脑活动累了就停下了。因此它远不能完全满足你对休息、对娱乐、对信息的渴求，所以当你吸吮完这个奶头后，只能转身奔向下一个奶头。所谓奶头，在电报时代是八卦或骇人的小报文章，在广播时代是一条条速报新闻，在电视时代是一段段打开电视机不用看前面就可以看下去的各类电视节目；在当代，则是限制在几分钟甚至 60 秒以内的短视频。

标准的奶头乐有三大特点：随机，低价值，无尽头。

第一，呈现方式随机。随机意味着不可预知。所有的短视频平台都是这样设计的：你永远无法知道下一条内容是什么，因此即使上一条的内容再充实，也只能独立存在，无法通过信息串联的方式在大脑中形成完备的知识体系。随机还意味着对未知有着小小的期待。这一小小的期待只要上滑手指就可以满足，于是自然而然地就来到了下一个奶头。

第二，内容低价值。生产决定消费。对短视频的生产而言，最重要的就是流量，因此为了吸引更多人看到自己，短视频自然要降低门槛，吸引更广泛的人群注意，也会将精力更多地用在运营与包装，而非提高内容质量上。而且用户刷短视频本身就是为了休闲，自然也不会对内容价值有什么期待。退一步而言，就算使用者渴望内容，生产者也为了内容绞尽脑汁，短短几分钟时间也很难塞进高价值内容。

第三，过程无尽头。短视频永远有新内容跳到眼前，永远刷不到头。刷光了关注账号，还会给你推送其他视频。而这些推送的视频高度同质化，要想关注其他领域，只能自己搜索。可是一搜索，大脑就要思考了，这便违背奶头乐的初衷了。手指轻轻一滑是最方便的。

就这样，无论吸吮了多少个奶头，你都无法获得比一个奶头更多的营养。早在 20 世纪 70—80 年代的心理学研究，已经证明无数的零碎信息无法拼接成一个连贯而完整的记忆。例如，研究发现有一半以上的观众在看完一个电视新闻节目几分钟后便无法回忆起其中的任何新闻；在观看同短视频类似长度的商业或广告节目后，只有 3.5% 的观众能正确回答有关该节目的问题。如果只是在奶头的世界中轮回，即使付出了再多的时间精力，最后得到的也是一片荒芜。

短视频让我们在短时间内得到了小剂量的愉悦感，这种小快乐让人暂时忘掉了焦虑与压力，持续刷下去，但它并不会真正缓解焦虑，反而使压力更大了：因为又增加了为浪费时间而产生的懊悔。

家长操作指南

一、延迟满足对抗随机呈现

延迟满足是指甘愿为更有价值的长远结果而放弃即时满足、选择等待的抉择取向，这种等待需要自我控制能力。延迟满足不是单纯地让孩子等待，也不是一味压制欲望，它需要保证一旦进行了"延迟"，是可以获得长远收益的。

延迟的过程可以让孩子对长远收益的掌控充满期待。孩子会自我暗示：我付出了这么多，一定会得到我想要的。然而，如果想要的是短视频，其呈现的随机性会让他感到泄气——他无法控制自己想刷的内容，也就得不到掌控的快感。此时如果提供一个可掌控的长远收益，那么孩子就多了一个转向可掌控的选择。

具体做法，我们可以跟孩子约定：你仍然可以每天随意刷短视频。不过每天在刷之前，如果肯向父母报告"我要开始刷短视频了"，就可以得到你喜欢的贴纸 1 枚。如果报告之后，你能先做别的事，间隔 30 分钟再玩，可以再得到 1 枚贴纸。如果报告后当天没有刷短视频，或者一整天都没想刷（当然也就不必报告）可以一下获得 25 枚！集齐 525 枚（象征着"我爱我"）贴纸后，就可以立即兑换一件奖品，可以是最爱的玩具，或者一直期待的礼物，总之这个诱惑可比短视频大多了。这种做法可以在不同阶段给孩子多种可掌控的选择：在刷短视频的开始，只要报告一次，就可得到 1 枚贴纸，不要白不要。如果我打报告后，先做别的事情，等想起来的时候再刷，岂不又能白得好几枚贴纸？这样，孩子在刷短视频之前已经体会到了一些掌控自己的喜悦。而到开始刷短视频时，一条一条随机呈现却千篇一律的视频内容会让孩子感到疲乏，而当天的贴纸奖励也随着点开短视频 App 而消失了。这时孩子会体验到掌控失败的失落：要是我没有拿起手机，今天就能得到 25 枚！可惜功亏一篑。并且及时调整自己的策略：我何不选择集齐 525 枚贴纸来兑换玩具呢？这样，孩子就找到了自己最能掌控的收益。

利用这种方式，孩子最快需要 21 天就可满足心愿，而 21 天正是足够改变一个人的习惯的时间。行为心理学认为，一个人要想习得一项新习惯，需要连续重复约 21 天，这就是著名的 21 天效应。

二、研究者视角，重新发现价值

一件事物的价值不仅在于事物本身，还在于人们如何看待、衡量它。如果我们能从身处的情境中将自己抽离出来，站在情境之外对其进行研究，那么我们就获得了研究者视角。

面对抱着手机不停刷短视频的孩子，立刻让他放手自然不可能。家长可以鼓励孩子用研究者视角来对待短视频这一产品。一旦将视角切换为"研究者模式"，低价值的短视频也可以变得有意义。因为此时孩子不再是短视频的用户、对象，而是成了它的研究者、揭秘人。短视频对于孩子的意义也不仅是低价值的内容，而变成了一个内涵丰富的研究对象。短视频是一种基于移动互联网和社交媒体的内容产品。它的内容是怎么生产的？商业模式如何？在不同的人群中有怎样的影响力？这些内涵都有待我们的小研究者发掘。

我们可以从孩子感兴趣的视频种类入手，提出一些可以引起他好奇的问题，比如"你这么喜欢这个搞笑视频，想不想知道它为什么这么好玩呀"，以鼓励孩子对幽默机智的探索；"这个镜头真的好酷炫啊！它们是怎么做到的呢"，以鼓励孩子对摄影的探索；等等。

咨询师请花花来调研如何能将一个账号下的视频得到更多的曝光量，就是引导她用研究者视角重新审视短视频。这个综合性课题涉及了拍摄剪辑、脚本制作、推送算法、商业模式等多方面知识，要用到资料搜寻、用户调查、归纳总结等多种方法。这样的研究者视角既能满足爱好广泛的花花的好奇心，还能够帮助老师，成就感十足。花花一下子就来了兴趣，利用暑假的时间一头扎进研究中。虽然仍然每天都在刷短视频，但都带着研究目的，要思考好多方面，常常还要动笔记录要点，大脑飞速运转：她所关注的已远不止奶头本身了。

三、逆向推导法对抗无尽头

要想对抗短视频世界没有尽头的"刷刷刷"，我们需要让孩子意识到，你的目的并不能通过一直刷短视频实现。这里我们可以用到一个简单的说理方法：逆向推导法。其具体做法是，从孩子所期望的结果着手——不去评价这个期望是否合理——而是要往回推导到当下的行为，引导孩子发现其现实做法的不合理之处，并开启实现目标的第一步。

如果孩子已经刷了一小时或者更久的短视频，此时你问他刷短视频想达到的目的，通常会得到"休息""娱乐"等回答。那么，当下不要否定他的目的（反例：你作业写完了吗就休息），而是要往回推导："你想休息的话那太好了，你刚刚都已经打哈欠了，你觉得现在继续刷会让你得到休息吗？"（或者："你想娱乐的话那太好了，可我看你现在心不在焉啊。"）然后向他提出建议方案："我们歇五分钟，做个放松操你看如何？"（或者："你要是觉得刷短视频无聊的话，来陪妈妈／爸爸玩局剧本杀吧，这个剧情可难了，帮忙看看谁是凶手好不好。"）

用逆向推导法让孩子抬起头来，从被海量短视频的旋涡中抽身而出，相信他一定会发现更广阔的世界。

❸ 沉浸"二次元世界"：倾听孩子的小世界

案例：平行于现实的神奇世界

大喵，15岁，男生，高中一年级。二次元深度爱好者。不仅享受着二次元世界中的文艺作品，还亲自下场，对这些作品进行二次创作，甚至参与制作了多种周边产品。母亲急于了解她对儿子一无所知的另一面，几次沟通均无成效，反而将亲子关系弄得很紧张。母亲焦虑万分，儿子却自顾自地沉浸在二次元的世界中有滋有味。

出于隐私考虑，本书各章节中的人物名字多是作者起的化名。（细心的读者还会发现，这些名字起得跟他们各自的故事还有些关系。）但大喵是个例外，这个名字是他自己起的。

我跟他说，我想把你的故事写下来，保证不泄露你的隐私，会使用化名。他回复道："那就叫我大喵吧。"他曾经带我走进宅文化的世界，我却仍然难以想象这个风度翩翩的15岁少年会给自己起名叫大喵。

"为什么是'大喵'呢？"我问道。

"最近我爱上一款 RPG 游戏[1]。这个游戏可好玩了，竟然让你扮演一只猫咪，让你在猫的世界度过一生。你可以找其他猫咪交朋友，包括交个女朋友，也可以通过好几种方法找个铲屎官。如果对铲屎官不满意？那就离家出走换一个呗！你想一直当一只街猫？行啊，你还可以去深山老林……每一次选择都会引发下一次选择。总而言之，你要通过不断地选择来过自己的猫生，甚至你可以选择自己如何死去……"

"哦？竟然是扮演一只猫咪，这么有趣吗？"我开心地听他描述着这款游戏的玩法和他玩到现在的心得。对我来说，如果不是大喵，我一辈子都不可能知道这些。

还记得大喵的母亲第一次敲开咨询室的大门时的神色。她风尘仆仆、神色匆忙，大口大口地喘着气。水汽凝结成雾笼罩在她的脸上，好像刚刚把一口热透了剩菜的大蒸锅揭开盖子。我的咨询室所处位置确实有些偏僻，需要七拐八绕才能找到，着实难为这位着急的母亲了。我接了一杯温水，又扯出一沓抽纸递给她，让她先歇一会儿，别着急，恢复平静再说。她一下子坐在沙发上，喝水擦汗，缓了几分钟，说道：

"我这个大喵啊算是没救了，天天又是看小说又是打游戏，还跟一群网上的狐朋狗友做什么同人啊、周边啊。我也不知道那是啥玩意儿，说他两句，就说什么'二次元的世界，你们愚蠢的人类不懂'。我也确实是不懂，连他说的话我都听不懂了。真是气得我呀，说他一遍又一遍，就是不听。有时候给我说急了，他倒好，朝我嘿嘿一笑，把门一关，反锁，给我拦在他屋子外面去了！屋内又是他自己的天下了，想干什么干什么，反正，就是不学习。

---

1 RPG 游戏：角色扮演类游戏。

你说他要把他做这些事的脑子都用到学习上。肯定考上清华北大了，我就不明白了，他玩那些东西有什么好的……咳咳、咳……"

她还没喘匀气就开始说话，语速又太急，刚说到这儿，又上气不接下气了。我让她先暂停一下不要说话，又重新倒了杯水，嘱咐她慢慢咽下，闭上眼睛，跟随我的指令做几个深呼吸。随后，她渐渐平静下来。我也趁这个时间梳理了一下她不是很有逻辑的话：妈妈觉得大喵学习的时间和精力都不够，看小说、玩游戏等却占据太多——这是妈妈认为的大喵的问题；妈妈对大喵的做法很不理解——这是我看到的她的问题。客观来说，前一个问题应该交由班主任负责。从心理咨询师的角度来看，如果大喵自己开心快乐、适应社会生活、心理健康，就是一个好孩子。而大喵与母亲的想法产生矛盾，并且发展为冲突，则涉及了亲子沟通的问题，这是需要我来帮助她解决的。

"其实我也想跟他好好聊聊，了解他的世界，可是总是无从问起。找个话题强行聊的话，多尴尬啊！您也看出来了，我这个人脾气就是急，他说的我也不懂啊，问他的时候就有点着急了，他就觉得'明明是你想知道的，反倒怪起我来……别尬聊了'。"大喵母亲平静下来后，终于说出了她认为最核心的问题。就这样，大喵的母亲成了我的主要来访者。我在随后接触大喵时，被他旺盛的表达欲所震惊。原来大喵很喜欢跟三次元的朋友分享二次元的世界，尤其是面对与他最亲近的妈妈。可是妈妈每次都没有做到好好倾听，时间一长，自己也就懒得说了。也因此，我从大喵的口中了解了好多在青少年心中、平行于现实的神奇的二次元世界。

关键词：二次元

二次元是一种由爱好形成的亚文化。现实世界是三维（三次元）的，二次元爱好者用原意为平面的"二次元"来称呼他们的架空世界或梦想世界，意指这并非现实世界。二次元世界是由多种多样的文艺作品组成，其含义自诞生以来得到了极大的延展，目前可以总结为"ACGN"，即 Animation（动画）、Comic（漫画）、Game（游戏）、Novel（小说）。有一个共同特点让 ACGN 集合起来，那就是它们所讲述的并非真实人类、现实世界，而是完全虚拟、架空的，即"二次元"的。而由现实世界的人物、事物所诞生的图像、影视作品，如真人电影、电视剧、真人照片等，因为其给予人心中最直观的认知，仍被认为属于三次元，而不属于二次元。二次元文化起初以日本文艺作品，或者仿日系的作品为基石组成。随着"二次元"外延的不断扩大，欧美作品如哈利·波特系列、魔戒系列，以及中国传统神话体系（《西游记》《封神演义》）、科幻作品等也被囊括其中。

如今，很多青少年爱好者不满足于只欣赏二次元的作品，或者充当某部作品、某名作者的"粉丝"，还亲自动手创作。由于创作全新作品的难度较大，他们通常以自己喜欢的某部作品为底进行二次创作。比如为心爱的小说撰写续集、外传，画插画，将其改编成视频作品；或者为一部动画用 Vocaloid（歌唱音源）创作歌曲，并用原动画为素材剪辑出一部 MV；或者为一款游戏撰写人物小传、同人小说；或者开发出不同版本的 mod（游戏模组），将游戏中原有的道具、角色、事物、模式乃至故事情节等做出修改，为更多玩家提供不一样的游戏体验；甚至制作相关的文创产品，如挂饰、摆件、文具等，突破次元的界限，将二次元文化带进三次元的日常生活中。做家长的千万不要一听"二次元"这类未曾耳闻的新事物就抱着惊诧态度："什么？这些都是不务正业！"这时，我们应该做的不是评判，而是倾听。

然而，想要做到倾听并不容易。作为一种新兴的亚文化，二次元文化自我催生了很多新概念。这些概念难以用已存在的语言简洁而精确地表述出来，很多新词汇因此出现。这些词汇往往只在二次元文化圈内流通，在外人眼里简直是"黑话"。二次元文化的拥趸大多是青少年，他们旺盛的精力与真挚的热情使二次元文化飞速发展，这种"黑话"也得以迅速地更新迭代。即使是一名"圈内人士"，"出圈"半年，再回到二次元的世界时，可能已经听不太懂。这使得父母想要实时跟进孩子的内心世界，与他同频共振变得十分困难。其他人说的话是什么意思，非得在二次元世界里多待一段时间，才能更新自己的这种语言系统，更不用说对此一无所知的父母了。

家长操作指南

一、倾听要专注

想要了解孩子的另一面，倾听是一个好办法。所谓倾听，就是要认真听对方的讲话，认同其内心体验，接纳其思维方式，以便设身处地地理解，以得到对方的信任与沟通。

专注是正确倾听的重要前提。在倾听孩子表达的时候，我们必须专心地面对孩子。也就是说，我们在与孩子沟通的时候，需要把全部的注意力都集中在沟通上。因为我们本来就是想了解孩子的世界，这个世界对我们来说是陌生的，如果不专心致志，根本无法理解。而且孩子看到父母的专注表现，也会感受到自己被尊重，自己的小世界也是受重视的。这样，孩子会更有动力进行交流，会努力地让对方理解他说的内容。如果我们在孩子兴致勃勃地讲述时，心不在焉地玩手机，惦记着工作与家务，可以想见孩子内心该有多失望。

我们也可以在沟通中运用以下的方法来告诉孩子自己倾听的专注：

（1）孩子说话时，紧盯着他的眼睛——让他看到你的坚定不移；

（2）适当地重复孩子说的上一句话——以证明"我一直都在听哦"；

（3）孩子每有停顿时，都用"嗯""这样"等短句补充；

（4）遇到没听懂的地方要多问——即使把孩子问得不耐烦，也好过父母首先不耐烦；

（5）孩子说完后，大胆说出自己接收到的信息——说得少、说错了也不要紧，孩子会看到你的努力。

二、倾听要投入感情

良好的倾听并不是把自己当成毫无反应的木头人，而要正确地感受孩子的情感。当孩子说完某件事后，不要着急表达自己的想法，尤其要节制自己的控制欲，不要试图把自己的观点强加给孩子。至于"你有时间玩这些，可爸爸妈妈还是想让你好好学习"这种话，尤其要烂在肚子里。小说、游戏、文创……在很多家长眼里，这都是"不干正事"。其实说到底，这只是新一代年轻人的一种娱乐方式。

因此，对于这种情况，我们与孩子沟通是为了了解孩子的真实想法，倾听是为了让孩子进一步表达出来，而不是说服他——更何况这种不讲策略的说服是完全无效的。当我们说出这些话时，我们就已经抛弃了倾听，抛弃了理解孩子内心世界的可能，而是不管他怎么想，只能服从于你的感受、你的想法。既然是他的世界，就让他当老大吧。孩子笑，我们也跟着笑；孩子哭，我们来递上纸巾，给他擦眼泪就好了。如果可以更进一步，那就尽可能地设身处地地站在孩子的角度理解所发生的事情，不要对孩子的感受做出自以为是的判断，要接纳孩子自己的感受。即使一时难以理解，也要尊重他的感受，而不是"你一定要听妈妈／爸爸的"。

三、一起来说"黑话"吧！其实代沟没那么大

对于"80后""90后"而言，小时候与父辈之间的差距的确是巨大的："80后""90后"上学时正在经历改革开放，全面解放思想；而父辈大多是"50后""60后"，他们的旧有观念早已形成，根深蒂固，想改变要付出很大努力。即使现在智能手机已经成了每个人必不可少的工具，"50后""60后"也很难玩得明白。而现在的"80后""90后"父母与"00后""10后"孩子恰恰是代沟最小的两个代际：和孩子一样，现在的父母也经历了九年义务教育，孩子将要面对的高考我们也面对过——也正因如此，现在的父母才知道高考的重要性、学习的重要性，才想让孩子好好学习。"80后""90后"在年轻时赶上了电子游戏风潮，有些人即使现在已经成为父母，还是喜欢玩游戏。他们跟孩子一样，都在熟练地使用智能手机，都用社交软件来实时交流，用各种 App 来丰富娱乐、学习与生活。因此，"80后""90后"父母应该有更多的信心面对孩子带来的未知事物。

教育界著名的"教学相长"说，指的是在师生关系中，不只老师能单

向教给学生知识，学生也会反哺给老师以启迪。父母作为孩子的第一任老师更应如此。脱掉"大人"的外衣，放下"大人"的面子，虚心向孩子学习吧。更何况，现如今，很多二次元"黑话"也已经出圈了。你真的不知道"BGM""CP"都是什么意思吗？虽然这早就是老掉牙的"黑话"了，如果有一天你突然跟孩子说出这些"黑话"时，相信你一定会看到他惊奇又欣喜的眼神。

朋友圈迷雾：避免掉入反向社恐的陷阱

案例：真正的友谊不是求来的

　　小盼，14岁，女生，初中二年级。小学遭遇校园欺凌，将错误归咎到自己身上，认为只要自己对别人好就可以收获真正的友谊。可惜事与愿违，小盼一味地付出并不能让大家了解自己，她只被当作一个热心的普通同学看待。小盼转身将交友的热情投向网络交友中。然而，网友的虚幻与无常无法满足小盼对友情的期待与执着，盲目定下的交友任务又无法达到。小盼迷茫了。

　　"老师，我能看一下手机吗？我感觉有人给我发信息了。"小盼回头望着手机的方向。咨询开始前，我按照约定将小盼和自己的手机都开启静音，交出来，踮着脚放在了沙具架最高的位置。

　　"我们有过约定的，在正式咨询的50分钟内，我们两人都不能碰手机哦。"老实说，这个约定让我也很不适应。虽然职业素养要求我一定不能在咨询的时候查看手机，但我总会把它放在裤兜里，每当想起它时，感觉紧贴在腿上，很安心——是的，即便是心理咨询师，也会有手机依赖症。推己及人，能理解生怕错过每一条信息的小盼，此刻心里其实充满慌乱。

这种慌乱让我联想到小盼母亲第一次找上门来的状态，与小盼的慌乱藏在心里不同，母亲的慌乱却是写在脸上。母亲说，不知何时小盼竟有了个奇怪的癖好：凡是自己注册的社交平台，好友数量必须达到1000名。母亲一开始只是看到小盼经常上网聊天，无论干什么都是手机不离手，却没有太操心，认为只是女儿喜欢朋友而已。除了强调了安全方面，也没有多加限制。后来，各大社交平台为了堵截非法广告、诈骗等现象，对添加好友数量的规则制定得越来越严。每天、每几小时，甚至10分钟内所能添加的好友数量都有严格的限制。在这样的现状下，小盼想达到自己设定的"KPI"越来越难，也就越来越苦恼。终于被母亲发现了异样，几次追问下得知，不知何时小盼给自己设定社交平台好友量必须达到1000名的KPI。母亲感到不可思议，找到了我。

我宽慰母亲道，不必慌乱，我的专业入门老师曾教给我们这样一句话——任何表象的行为都不是问题本身，恰恰相反，而是行为主体的解决方案。这句话在提醒着我，要深挖行为背后的动机。比如孩子总是大吵大闹，可能是此前父母没有对他投以足够的关注，他只能用这样的方法来寻求重视，后来便习惯了；也有可能是他在某一次吵闹中发现，只要自己抬高嗓门，父母便会碍于面子满足要求，于是总要这么做。后来我们分析发现，原来小盼在小学毕业前夕遭遇了校园欺凌事件。因此，父母没有让女儿自然升到对口的初中，而是想了些办法送她进了一所重点中学。父母觉得远离老同学、换了新环境，新学校的生源师资又均属一流，女儿就可以正常健康地成长了。可没想到的是，小盼经历了那次事件后，面对初中同学变得极其"乖巧"，让她做什么就做什么，小到代替值日，大到借作业给偷懒的同学抄，一律来者不拒，自己默默承担着。小盼本以为这样就可以让自己更受欢迎，交到好朋友，可是她的不拒绝并没有得到理想的回报。小盼失望极了，只好把交友的热情投于网络中。可网络的虚拟世界再次让她失望了：网友连萍水相逢都算不上，就算有一两个共同话题，谈完后，过个三五天没联系就把小盼删了。面对沮丧，小盼给自己打了一针止痛剂：质不好求，那就求量吧。从此每天都要检查好友列表，不足 1000 名马上补充。可越是新补充的网友彼此之间的交集就越少，小盼在"1000"这个数字里顾此失彼、应接不暇。终于，她的止痛剂成了魔咒。

关键词：反向社恐

"社恐"（社交恐惧症）这个词随着网络传播走进了大众的视野。社交恐惧症真正的含义其实是恐惧症的一种亚型，是一种神经官能症。现在自称"社恐"者绝大多数并非真正的社交恐惧症患者。他们性格内向，对非必要的社交活动感到厌倦，喜欢一个人独处多于与人交流——这既不是病也不是错，却遭到社会大众的不理解，因此索性以极端词汇来自称。

但小盼并非如此，她对朋友充满渴望，对社交充满期待，宁可求量不求质地交网友，也不愿自己一个人。她只是由于此前发生过的不愉快的经历才造成了现状。她看似恐惧社交，实际上恐惧的是社交失败，恐惧的是之前经历的不愉快，因此不敢拒绝，进而选择逃避到网络中。一个本来毫无社恐的人，却得到了与社恐同样的结果，我们不如称之为"反向社恐"。

反向社恐是社交领域内的一种尴尬处境，对于讨好型人格来说更容易深陷其中。他们由于过分害怕社交失败，往往形成了错误的心理逻辑，认为委屈自己、讨好他人就能获得更多认可，进而获得内心的安全感。他们对别人的感受有着超人的认知，乃至生怕自己做了什么别人会不喜欢，做任何事情都小心翼翼、战战兢兢。这种情况下，他们容易抬高别人，贬低自己，没有主见，自己的一举一动都以别人的评价为前提。就算别人侵入自己的界限，也会默不作声。他们很难做到拒绝别人，害怕说不，麻烦别人则更不可能。他们越是渴望良好的社交关系，就越是重复以上的做法；越是重复以上的做法，就越是得不到正常的社交。这样一来，距离自己的期待便越来越远，受了伤也只能自己咽下痛楚。

讲到这里我们也就发现，小盼举着手机，拼命地用社交软件交友，并不是因为她用社交软件上瘾，甚至可以说，她是被迫的——被她自己反向的社交恐惧胁迫。这个案例也让我们必须再次强调：作为家长，看到孩子出现了"问题"，不能只看表面的现象和行为，要进行进一步的挖掘与思考，力图从中找到本质原因。

家长操作指南

一、一起看场电影吧

孩子不敢面对自己的人际关系，可以先去观察别人的人际关系是如何的。影视剧可以为我们提供这样的便利：不必一直追踪真实人物，影视剧在几个小时内就能表现一个人的半年乃至一生，而且将最重要的部分展示给观众看。可以通过观赏别人的故事，来治愈自己的内心。

与现实中的人生一样，影视剧中的人物在很多情况下会遭受误会、不理解，曾经的好友有朝一日也可能分道扬镳，并且他们也会为此苦恼不已。很多优秀的影视剧都着重展现了这一点，通过人际矛盾来制造戏剧冲突。

家长不妨跟孩子一起看场精彩的电影吧！下面是一些讲述人际交往与友谊的优秀电影，供参考。当然，这些电影并不是非看不可，类似题材的好电影也绝不止这些。可以和孩子一起上网搜搜，选择一部孩子和你都感兴趣的电影，这是最重要的选片标准。看完后跟孩子讨论一下电影中的人物和故事，看看他们遭遇了什么样的人际关系困境；这种困境是怎么产生的，怎么发展的；主人公面对困境采取了哪些方法，都产生了什么效果……孩子会发现，如果把眼光放长远，不拘泥于当下，人际关系本来就是一直起伏变化的，一个人不会一直都跟所有人保持良好不变的关系。即使由于各种各样的原因遭遇了困境或冲突，最后也会通过各种各样的办法得到解决。如果讨论还不过瘾，就跟孩子写篇观后感，互相交换交流吧。

表 4-1 经典电影一览

名称（原名）	国家 / 地区	年份
《阳光姐妹淘》 （써니）	韩国	2011
《触不可及》 （Intouchables）	法国	2011
《坏孩子的天空》 （キッズ・リターン）	日本	1996
《心灵捕手》 （Good Will Hunting）	美国	1997
《海街日记》 （海街 diary）	日本	2015
《绿皮书》 （Green Book）	美国	2018
《一个叫欧维的男人决定去死》（En man som heter Ove）	瑞典	2015

二、"空椅子技术"模拟孩子的担心

反向社恐的孩子之所以不爱与人交往，是因为对社交失败过分担心。要想打消或者减少这种担心，仅凭空说道理——告诉孩子这种担心是多余的，社交失败这件事很少发生，即使失败也不会对你造成什么影响，你就正常交往好了，云云——信服力显然不够。结果要么是孩子口服心不服；要么就孩子对这些道理都懂，但就是做不到。而如果我们强迫孩子到真实的社交场景中进行"实战"，则会对孩子造成过大的冲击，很可能适得其反，加深孩子的恐惧。此时我们需要一个场景模拟的方法，让孩子在虚拟的环境中体会正常的社交。

"空椅子技术"是简便易行而卓有成效的一种心理辅导技术。在这种类似真实的情境当中可以减轻恐惧和焦虑，也能自己发现与人交往的技巧。我们只需要两把椅子相对而放，告诉孩子，当你坐到一张椅子上面时，就扮演自己；坐在另一张椅子上时，就扮演你的同学、老师等人。让孩子自己分别扮演两者，展开对话，从而可以站在别人的角度考虑问题，然后去理解别人。注意：扮演他人的时候，语气动作举止都要尽力模仿他人，这样可以有利于孩子从对方角度考虑，而不是按照自己认为会发生的去做出反应。通过模仿，孩子自己去发现、去体验对方的反应，认识到不用将自己的位置放低，对方也会很愉快；即使拒绝对方，让对方稍感不适，对方也不会过多怪罪，不会影响正常交往。

三、不会拒绝？试试"三明治法"

拒绝对很多人来说都并非易事，因为拒绝他人意味着承担给他人造成不悦的风险。很多并非取悦别人的人也难以做到果断且直接地拒绝，对讨好者来说就更加困难了。这时，策略就显得极为重要。"三明治法"能够帮你传达一个更加友善但依然坚定的"不"。所谓"三明治法"，就是将语言包装成一个三明治：中间的馅是你最想表达的拒绝与抱歉，把它夹在两句对对方的肯定、夸赞或者祝愿的话之间。这种拒绝策略通过前面的话语给对方以缓冲，让对方产生心理准备，后面的话语又能及时安慰对方。这样可以最大限度地减少直接拒绝令对方生出负性情绪。对对方的真诚祝愿与抱歉，也让拒绝者自身的心理负担降到最低。

比如，面对一个你不想答应的请求或邀约，可以在电话中说："你好，我打电话是想跟你说一下之前你找我帮忙的事情。谢谢你这么信任我，能在这时想到我。但实在抱歉，这件事我办起来也存在一些困难，所以我赶紧跟你说一下，以免耽误事情的进展。下次有机会我们再一起做吧，祝进展顺利！"

此外，家长对孩子的批评也可以采用三明治法，即将批评的话放在两句表扬或鼓励之间。家长不妨先用三明治法对孩子的讨好进行一个善意的批评："我的孩子有乐于助人的品质，妈妈真为你开心。可是正像你说的，这件事情你确实很难去办，在这种情况下你应该及时拒绝对方而不是硬着头皮答应，这样你会很痛苦的。妈妈教给你一个拒绝的方法——'三明治法'，这种方法百试百灵呢！勇敢地去做吧，妈妈相信你一定能成功！"这样通过"三明治法"来向孩子介绍"三明治法"，孩子会更乐于接受：他不仅学到了"三明治法"如何做，还亲自体会了它的实用价值。

⑤ 想当网红：积极归因，打败畏难心理

案例：哪里都不是你的避难所

阿虎，16岁，初中三年级，现处于辍学边缘。一直在蜜罐中长大，嫌学习累，休学一年；想要走文艺特长生、体育特长生路线，试了多种项目，均放弃；最近要当一名游戏主播，以此为理由天天在家上网看直播、打游戏。妈妈觉得再这样下去，孩子就要废了。

阿虎的妈妈要爆炸了。

"你说我这妈当得还不够格吗？孩子从小要吃五块钱烤冷面，我绝不会给他买十块钱大煎饼。为啥呢？因为我一直认为家长不能把自己认为的好东西强行灌输给他，他觉得好就够了。

"学习的事儿也是，我比任何家长都开明！孩子从小学的学习成绩一直在学校里排在中等，我也不要求他拔尖儿。每天要吃给吃、要喝给喝、要玩给玩。上初二以后的成绩排名稍微下降，属于中等偏下吧，按理说考重点高中确实费劲，考个市里的普通高中还是绰绰有余。我想，读个普通高中，

上个一般的大学，出来找个踏实的工作也挺好的。我也不求他上进，看他晚上熬夜写作业我也心疼他。

"所以阿虎说不想考高中了以后，我跟他爸都没反对。还说服爷爷奶奶他们，说咱娃聪明但不爱学，你逼他也没用，不如走个艺术啊体育啊的路子也不错。办了休学以后，我跟他爸又是带他学画画，又是学唱歌，又是送他去体校练田径的，都是没学几天就回来了。孩子吃不了那个苦。我也舍不得，所以说要回来就回来吧。前段时间又嚷着要当职业电竞选手，说那是正规的运动员，加入战队能挣大钱的。我也不知道现在怎么打游戏还能打成体育运动了。费好大劲才打听到，原来还真有这么一回事儿，是个新兴的玩意儿。全中国的电竞学校也没几家，我跟阿虎他爸还有我俩双方父母开了个大会，思前想后，还是决定送他去那个省内的电竞培训基地。

"结果没过多久阿虎又回家了，说在家里练就行了，还省学费。话说长这么大，他还是第一次离我这么远呢，我也确实舍不得，就给接回家了。回家后我看他天天上网，也不是训练啊，还在东逛西逛，看人家直播打游戏。我问他怎么回事儿，他说自己要当一名游戏主播，从此之后自己就能变成网红。所以第一，要玩各种各样的游戏；第二，要看各种各样的游戏直播。这都是在学习嘛。

"后来，我觉得情况越来越不对劲，这样下去孩子不是要废掉了吗？"阿虎妈妈终于讲完了阿虎这段历史，"所以我想请老师帮我看看到底是不是这样，我该怎么办？"

一般家庭会因为孩子的学习问题而起冲突，闹得亲子关系变差。阿虎家很有趣，面对一个"步步紧逼"的孩子，家长却出奇一致地一再退让。我想，这家人简直太过溺爱孩子了。越是溺爱，孩子将来越是活得艰难，因为他无法面对一点点困难，无法经受一点点挫折。

随后与阿虎的谈话果然证实了这一点。休学是因为不愿记公式、背单词、背课文，觉得每天要学好多东西又要写作业，好累。父母听孩子总是吐槽学习多么辛苦，心疼孩子太累，办了休学。学别的吧，画画、唱歌、田径，都是看到一笔一笔、一音一音、一步一步地练习，觉得太难了受不了，赶紧放弃。电竞也是一样：本以为可以打着学电竞的旗号玩游戏，没想到练起来必须全神贯注，一小时练下来手都要麻了，比学文化课还累，赶紧回家吧。

关键词：畏难

由于对困难缺少客观且积极的认知，畏难现象在当下青少年中较为普遍。这样畏难的孩子面对需要努力才能达到的事情时，就会停滞不前，最终选择回避。例如阿虎，只愿享受游戏的乐，不愿承受职业电竞的苦。在家号称是在练电竞，其实只是在网络中兜兜转转，一味逃避。青春期畏难情绪的产生，究其原因主要有三点。

其一，蜜罐中长大。他们出生时正值国家的独生子女政策，大多没有兄弟姊妹，自己独享父母的爱。更有甚者，他们的父母有很多也适逢计划生育刚开始的阶段——也就是说，从父母双方算，都至少两代"独苗"。如此万千宠爱于一身，又赶上了物质生活丰富、科技发展日新月异的好时代，自然不会吃到多少苦，不懂得人生多艰。阿虎正是典型的"蜜罐里的孩子"，爸爸妈妈、爷爷奶奶、外公外婆6个人合在一起的溺爱与支持，致使他每次遇到困难都"知难而退"，逃避努力。

其二，青春期正是人生中学业压力最大的时刻，现今的中学生学业任务也是一届比一届重。不管是家长的焦虑还是学校的要求都是前所未有。很多学校甚至在教室里安装摄像头与监控软件。软件通过人脸识别技术判断学生上课是否认真听讲、自习课是否埋头做题，有无讲话嬉笑、偷懒睡觉，情况随时传输到班主任、家长手机的客户端中，家长也可以随时点开监控直播，观察孩子的学习状态。班级家长微信群的运用也让孩子无法逃避每一项作业。在这种高压监控的状态下，孩子的精神高度紧张，如临深渊，如履薄冰。

其三，在心理发展方面，青春期的思想意识正在迅速发生着变化。这种变化时刻在颠覆着他们的认识和体验，这使得他们对一些事情的看法也发生了急剧变化。例如，以前觉得被随时监控没什么，但青春期的自我意识发展后，青少年产生了隐私的观念，自然会对这种做法感到反感，甚至会强烈反抗。又如，对于家长对他们在学业上的高期待，让叛逆期的他们心生不满。尤其是多次考试失利后，往往会陷入自我怀疑中，认为自己的退步已成必然。他们面对困境，又自认为无力改变，只能叹曰"我太难了"，干脆躺平摆烂。

 家长操作指南

一、培养积极的归因方式

所谓归因，就是指人在分析一件事的结果时，为它寻找原因的倾向。根据社会心理学家海德经典的归因理论，人们会根据原因容易改变与否（稳定性）、原因从自身还是外部而来（因素来源）、原因能否由个人决定（可控性）这三个维度，将原因归为六种：能力高低、努力程度、任务

难度、运气好坏、身心状态、外界环境。具体情况可用下表表示。

表 4-2 归因的三维度六因素

归因类型	稳定性	因素来源	可控性
能力高低	不易改变（稳定）	自身	不可控
努力程度	容易改变（不稳定）	自身	可控
任务难度	不易改变（稳定）	外部	不可控
运气好坏	容易改变（不稳定）	外部	不可控
身心状态	容易改变（不稳定）	自身	不可控
外界环境	容易改变（不稳定）	外部	不可控

　　面对困难，例如考试失利时，如果认为这次失利的因素是难以改变的、来源于自己，但自己无法控制，就会归结于自己能力不足：我天生只有这么大能力，所以考试只能得到这些分。这样的归因当然会使孩子感到非常失落。如果认为这次失利的因素是可变化的、来源于自己、自己也可以控制，就会归结于自己努力不够：我明明可以好好努力，可是最近贪玩了，没有多多学习，所以只考了这些分。这样的归因可以让孩子产生能动性，认为这是可以通过自身来改变的，面对困难自然不容易害怕。

　　很明显，我们应该培养孩子形成努力的归因风格。因为只有这种归因，才是可以通过孩子自己将困难改变的。我们可以用"滚雪球"的方法引导孩子向努力程度归因。例如一个大考失利的孩子，如果将整场考试的结果归结为题目太难，或者自己能力不够，那我们可以鼓励孩子写试卷分析，仔细分析每一道错题为什么扣了分。这样，就将所有的扣分拆开归因。然后统计有多少分可以归为努力不够，让孩子发现，至少还有这些分是自己能够掌控的。如果将这些分加到原来得的分数中，也是一个很可观的成绩，而这自己完全有实力拿到。这样就可以将几道小题的努力归因成整场考试也可以通过努力来改变。

二、敢于挫折教育

有些家长会担心：我的孩子本身就畏难，怎么还能让他接受挫折呢？其实追根溯源，畏难正是源于未经风雨的娇生惯养。他们在顺境中应对自如，在挫折中一蹶不振。我们可以为孩子人为地设置一些障碍、制造挫折，以训练其对逆境的忍受能力，以求更好地适应生活。例如，对于一个学习成绩一直远超同伴的孩子，可以让老师安排一些难度大的作业让他来做。这样他便会遭受解不出题的挫折，同时也鞭策他加深对知识的理解与运用。同时还要鼓励孩子战胜挫折，如果无法战胜也要及时给孩子安慰。同时还注意挫折不要制造得过大，更不要进行言语攻击。若给孩子安排超出知识范围且是他不可能解决的题目，或者看到孩子对难题冥思苦想时直接否定他的学习能力，那就得不偿失了。

阿虎在后来是这样接受的挫折教育：咨询师让阿虎跟父母商量，不论是考高中、艺术特长生、体育特长生，还是电竞，都必须选择一项，坚持至少一个月。如果觉得的确不适合，那么说清楚原因才可以更换。阿虎本想选择当网红，但不知如何下手，最终还是选择了去电竞培训基地。一个月的训练下来，阿虎头昏脑涨，别提有多痛苦了。一个月的住校经历也让从未出远门超过一周的他蓬头垢面。他意识到逃避是没有用的，而跟其他的出路比起来，学习反而是最轻松的。自己好歹还有一些基础知识在，重新回到学校念初三是可以考取一所普通高中的。回到家中，阿虎跟父母分析了自己的困境与优势，最终选择了先在家中补课，开学后重返校园。

三、为每一小步前进而庆祝

如何支持孩子战胜困难呢？既然不能亲自下场替运动员赛跑，那就当一名称职的啦啦队队员吧！一名合格的啦啦队队员，不仅在运动员胜利时欢呼，也在失败时支持，更在运动员奔跑的每一步都为他呐喊助威，让他在嘈杂的噪声中听到支持他的声音，给他勇气继续接下来的每一步。

因此，要看到孩子取得的每一个小成绩。比如孩子放学回家后说，"今天我弄懂了上次考试错的那道题了""体育课上我踢进了一个球"，这时候庆祝就要开始了。

庆祝不需要多么隆重，也不用花多少钱，但一定要正式。要向孩子说明：恭喜你获得的何种进步，爸爸妈妈真为你开心。然后宣布庆祝仪式：咱们一起高喊三声"宝贝真棒"；一起吃顿你最爱吃的大餐；妈妈给你唱首歌；爸爸给你表演个节目，掌声欢迎！让有仪式感的庆祝融入家庭生活吧，你会看到每个家庭成员都充满笑脸，当下照照镜子，会发现自己也一样挂着笑脸呢！

Part 5

情绪心理篇

自卑

焦虑

自伤

抑郁

愤怒

① 自卑：引导发现"更好的我"，再自我完善

案例："我是全世界最糟糕的人"

小小，女孩，16岁，高一学生，从小品学兼优，智商情商双高，正向积极，有自己的兴趣爱好，受老师、同学喜欢，是家长眼中"别人家的孩子"。去年通过自己的努力考上了重点高中。进入高中后，周围都是成绩优异的同学，小小开始担心自己不如别人，害怕考试成绩下降，害怕老师不喜欢自己。学习感到吃力，没有办法融入班集体，看到别人很快交上新朋友，特别羡慕，但自己突然不知道应该怎样去跟人交往。在学校没有知心朋友，内心感觉非常孤独。不敢跟人交流，既渴望被老师和同学看到自己身上好的一面，又担心被他们看到缺点，经常一个人躲起来偷偷地哭。

"我真的是全世界最糟糕的人。"

这是初始访谈时小小说的第一句话。我静静地等着她做进一步的解释。

"我不知道自己怎么了。以前的我，活泼开朗，每次考试都是学校第一，

老师同学都很喜欢我……现在呢，连一个贴心的朋友都没有，大家都不喜欢我，学习成绩也不行，感觉所有人都比我强，自己真的好差劲……"

小小一边说着，一边流下了委屈的泪水。

"我真的不知道应该怎么办了……感觉每天都很痛苦……"

说到这里，小小有些说不下去了，她用双手捂着脸，止不住地哽咽、抽泣。

我坐在旁边安静地等待着，顺便仔细地观察着小小。

就像她的名字一样，小小个子不高，看起来非常瘦小。不过，她穿了一件宽松庞大的 T 恤，整个人像被装在套子里一样。她的状态非常疲惫，显得很没有精神。

"具体是什么让你这么痛苦呢？"看出小小的状态稍微稳定了一些，我尝试着问道。

"我也说不清。好像就是这一年，突然间就这样了……"

"我现在的学校是重点高中，班里每个同学都很厉害，不是中考状元就是学校第一，我就差远了，在班里的排名直线下降，有时候连老师上课讲的内容都听不懂。交朋友也不行，不知道怎么跟同学和老师相处，总担心别人会看不起我，没有人愿意跟我做朋友……"

通过小小的诉说，我慢慢地走进了她的世界，逐渐触及她的内心——

小小从小品学兼优，智商情商双高，有自己的兴趣爱好，受老师、同学喜欢，是家长眼中"别人家的孩子"、其他孩子羡慕的对象。这种环境下长大的小小，自信张扬，习惯了成为众人关注的焦点。

进入重点高中后，小小迎来了个人成长的新节点。这种新生活，与之前自信张扬的"旧时代"相去甚远。同学们各有各的特色；老师不再重点关注她一人；她的学习成绩不再突出，能力表现也没有以前那么好。当置身于这样一个所有人都很优秀的新环境时，小小产生了诸多不适应。面对这些困难与挫折，她没有信心自己能够像以前一样优秀，她很怕自己会失败，她开始自我怀疑，甚至认为"自己不行"。她不明白自己为什么与新学校格格不入，她也不明白自己怎么从一个自信优秀的人变成了现在这样如此糟糕的状态。

其实对于小小而言，她的核心问题在于，新环境适应不良，心理平衡被打破，陷入一种空前的困惑与自我怀疑，进而引发了内在的自卑情结。

关键词：自卑

自卑是一种主观上认为"我不好""我不如别人"的感觉，是一种自我否定。自卑可能是有意识的，也可能是无意识的，但是都来源于比较。比较有时是对外的（跟别人比），有时是对内的（跟想象中的自己比）。比如和外界、他人对比时，觉得自己"比较弱""没得比"；和理想中的自己对比时，又觉得自己"做不到""没能力"。

著名心理学家阿尔弗雷德·阿德勒认为，每个人都有不同程度的自卑感，从幼儿时期起，由于无力、无能和无知，必须依附父母和周围世界，就会产生一定的自卑感。自卑感驱使我们做出一系列行为，来补偿它所带来的脆弱和羞耻感，而补偿的表现可能是多种多样的。

有些人为了证明自己能够"比得上"而加倍努力。这时，自卑感对他们而言更像一种内在动力，比如有些自认为长相和出身都平庸的人，会更加努力学习、勤奋工作，并且很有可能取得卓越的成就。这样的行为使得自卑情结起到了积极、正向的作用。这种观点恐怕打破了常人对自卑感的坏印象，说明一定程度的自卑感是正常且健康的。

然而，有些人为了避免"比不上"，则选择逃避。他们认为只要不与他人往来，把所有精力都放在自己身上，就能够避免"比较"的场景，也就不会产生自卑了。倾向于选择逃避的人，有可能让自己成为一个孤僻不合群的人，自卑感让他们变得更加以自我为中心。同时，他们也更容易将自卑感固化为自卑情结。自卑情结比自卑感持续的时间更长，而且往往是不健康的。如果一直以来，自卑感渗透个体生活的方方面面，给一个人造成了很大困扰，那他很可能已经陷入自卑情结里了。

一般来说，自卑的主要表现在于对自己的能力、品质评价过低，同时可伴有一些特殊的情绪体验，如害羞、不安、内疚、忧郁、失望等。对于青春期的孩子来说，自卑主要表现在以下三个方面：

1. 过分敏感

过分敏感是青春期孩子自卑的一大表现。他们希望得到别人的重视，唯恐被人忽略，过分看重别人对自己的评价，任何负面的评价都会导致内心激烈的冲突，甚至扭曲别人对自己的评价。比如一个平常学习成绩中等的自卑的孩子突然超常发挥考得不错，得到了同学的夸赞，即使夸赞是真诚的，他也有可能认为那是一种挖苦。

2. 失衡

种种原因造成的弱势地位，致使自卑的青春期孩子在日常生活学习中体验不到自身价值，甚至还会遭到强势群体的厌弃。自我价值感的丧失，致使他们心态失衡，陷入恶性的心理体验之中，走不出这一心理阴影，就很难摆脱现实的困境。甚至有些孩子遭受校园欺凌，也自认为是正常的，认同自己的弱势身份。

3. 情绪化

很多自卑的青春期孩子由于缺少应对能力，升学竞争、同伴关系、亲子关系等生活事件很容易导致他们的心理压力。又因为他们表面上看来逆来顺受，过分的压抑恰恰积聚了随时可能爆发的能量，有时会产生过激言行。比如为了维护脆弱的自尊，为了一点小事大动干戈，拳脚相向。有时当他们无力应对危机时，还会用自残等极端的方式发泄自己的情绪。

家长操作指南

一、发现孩子的天赋优势

有这样一则故事。一位父亲与他 5 岁的女儿在园子里播种。父亲是一位工作狂，对于种地也只想快一点干完了事。可是女儿却干得兴起，手舞足蹈，还将种子抛向天空。

父亲有些不耐烦，让女儿别乱来。

女儿却跑过来，很认真地对父亲说："爸爸，我能和你谈谈吗？"

"当然。"他回答说。

"爸爸，你看我从 3 岁到 5 岁一直都在抱怨，每天都要说这个不好那个不好。我也知道抱怨是不好的，但我控制不住自己。当我 5 岁生日的那天，我向自己许了一个愿望：我决定不再抱怨了。这是我做过的最难的决定。连我都可以做到不再抱怨，你可不可以不要总是这么郁闷呢？"

父亲犹如触电般受到震撼，他认识到，是女儿自己矫正了自己的抱怨习惯。他开始意识到，养育孩子，意味着要看到孩子身上的优势和力量，要培养其优秀品质，而非盯着短处。

故事的主人公正是积极心理学之父马丁·塞利格曼和他的女儿尼奇。与女儿的一番对话，让塞利格曼意识到，每个孩子都有自己的天赋优势，关键在于父母能否发现。可惜的是，现在很多父母只能看到孩子身上的问题，很少看到孩子的天赋。只有发现孩子的天赋优势，并帮助孩子将其发挥到极致，孩子才更有可能在自己擅长的方面获得成功。

马丁·塞利格曼和合作者进行了相关的研究。他们从对人类社会影响最为广泛的哲学、宗教和文化体系中，分析出人类社会普遍认可的六大美德，然后通过心理测量的标准，遴选出与六大美德相关联的24项优势。

如何发现孩子在哪几项最具优势呢，可以通过以下步骤填写手册的表14"孩子天赋优势发现表"，初步发现孩子的优势特征。

- 第一步，请孩子认真阅读表中24项品格优势的"名称"，选择最能代表他的5种打√。
- 第二步，请孩子认真阅读表中对于24项品格优势的"描述"，选择最能代表他的5种打√。
- 第三步，请家长认真阅读表中对于24项品格优势的"描述"，选择最能代表孩子的5种打√。
- 第四步，计算表中每一行√的数量，即被选择的次数，次数最多的即为孩子的核心优势。分析讨论孩子可能缺乏（未充分利用）或过度（过度使用）的5个优势，帮助孩子找出他想要拥有的5个优势。

二、"最好的我"自我介绍

什么是"最好的我"？这是积极心理学的一种干预方法，也叫"积极的自我介绍"。这一方法鼓励孩子回忆一次重要的、有好结果的事件或经历，这可以有效地调节负性情绪。它通过孩子不断地参与演说、表达和介绍自己的优点，来帮助孩子找到自身优势，同时对自己产生强烈的肯定和明确的认知，从而让他人感受到孩子所具备的优势与魅力。

也许对于素来崇尚谦逊的中国人来说，要讲一个关于自己优势的故事，可能会被认为是骄傲自满、自吹自擂。但是，从心理学角度来说，用正确的方法说出自己的故事，目的不是让自我感觉良好，而是让我们能够有意识地纠正自己对负面信息产生的认知偏差[1]。

那么，怎样引导孩子发现并说出自己的优势故事呢？最好的办法就是：找个固定的时间，所有家庭成员坐在一起，互相分享彼此的优势。

首先，通过"发现优势行动"的小游戏，调动大家的兴趣，让家庭成员初步感知彼此优势。将手册中表 14"孩子天赋优势发现表"中的 24 项优势写在纸上，捏成团，打乱后抽出一张纸，让认为拥有纸上所写的优势的人完成一项与这个优势相关的小任务，例如：

- 选择"幽默风趣"的人：用 2 分钟把全家人逗笑。
- 选择"勇敢"的人：讲一讲自己做过的最勇敢的事。
- 选择"对美和卓越的欣赏"的人：观察一下自己的家，发现美好的人、事、物并归纳出三点，并说出它们的美好之处都体现在什么地方。

---

1 认知偏差：人们在知觉自身、他人或外部环境时，常因自身或情境的原因使得知觉结果出现失真的现象。

几轮游戏过后，由父母带头，总结每位家庭成员的标志性优势是什么？这些标志性优势是通过什么故事和行为表现出来的？再由孩子来介绍，在他的心目中，每位家庭成员的标志性优势是什么？同时鼓励孩子说一说，他是基于哪些故事或具体行为得出这个结论的。

接下来，对比父母的感受和孩子的体验是否相同。如果出现偏差，和孩子一起分析一下，是什么原因导致这种认知偏差，从而引导孩子关注在生活中如何以正确的方式向周围的人展现自己的优势。

最后，鼓励孩子进行一段"最好的我"自我介绍。内容不用太多，只需要围绕自我感觉最好、最想与别人分享的一两个优势，寻找与之对应的经历，再用自己的语言表达出来即可。要求如下：

- 思考一个你以积极的方式处理困难情况的例子。不需要巨大的、改变生活的事件，也许你想到的是一件小事，但它唤起了你最好的一面。
- 以故事的形式写出来，要有一个清晰的开头、中间和一个积极的结尾。如果需要更多的地方，可以写在另一张纸上。

值得注意的是，在孩子表达时，家长不要着急评判，可以不时以点头、微笑等行为来回应孩子。在孩子讲完后，家长再适当地进行补充、引导，让孩子在积极愉快的氛围中感受到发挥优势给自己带来的成就感和满足感。

三、引导孩子想象"更好的我"，并制订具体计划

有多少成年人嚷嚷着自己要减肥、要奋斗，但又有多少人不了了之。孩子也是一样。每个人都有想法和动力去改善自己，克服挑战，然而，由

于忙碌的生活中充斥着越来越多的信息和外部压力，我们越来越没有时间自我反思，更不消说将意图转变为行动。

好在，我们对自我完善的欲望并没有减弱。创造一个更好的未来的自我的概念，无论是在健康、学习、人际关系，还是创造性的努力方面，都可重新定位自己的优势、技能和能力，以实现目标。研究表明，写下自己的目标，与朋友分享这些信息，每周向朋友发送目标进展情况的人，成功实现目标的可能性要高出 33%。

父母可以帮助孩子评估他们目标的内容和结构，并帮助他们检查这一目标是否合理、是否具有可行性。此外，还要定期与孩子一起回顾目标进展，并在必要时帮助他们改进过程。

在展开具体的计划之前，家长可以先让孩子阅读以下文本，引导孩子进行积极想象。然后填写手册中的表 15 "更好的我"，制订具体计划。

想象一个更好的自己。更好的自己会是什么样子？选择一个具体的目标吧：更放松，更脚踏实地，更热情，更有活力，更投入，更有创造力，与他人更有联系，更深思熟虑，更快乐，更健康⋯⋯

目标设定时，可以遵循以下四项原则：

- 通过行为、行动和习惯使其具体且可观察到；
- 与你目前的生活状况很好地结合；
- 不与你的价值观冲突；
- 获得你的社交网络的支持。

记住，只有当你做到如下几条，这个 "更好的自己" 才会有利于你：

- 相信它会让你更快乐或更满足；
- 相信这个"更好的自己"对你有好处；
- 相信你想成为这样的人；
- 相信你必须成为这样的人。

现在，用更具体的词汇想象细节。你如何才能向这个"更好的自己"迈进？把它当作一次旅行，你需要走哪条路才能成为更好的自己？要走这条路，你到底需要做什么？

想想你的显著优势。在思考你的显著优势时，关注你的兴趣、天赋、技能，以及与这些显著优势相关的能力。

设想能体现你的显著优势的行动、行为、惯例和习惯，是某种善举，对爱的特定表达方式，对生活中特定的事物心怀感激，还是创造性的努力？

如果可以的话，将一些行为与你刚才想象的"更好的我"联系起来。你的显著优势以及体现它们的行动，如何能帮助你成为"更好的我"？

如果你有一个某种程度上比较清晰的行动、活动、惯例或习惯清单，可以帮助你成为"更好的我"，你能承诺做一些吗？

选择那些你愿意在接下来的 3 个月里致力于做的事情。

想象可能阻碍你进步的潜在障碍——你内心的障碍或外部的障碍。

想想你能做些什么来克服这些障碍，谁能支持你克服这些障碍？

想象一下如果你成了"更好的我"，会发生什么，你的日常生活会有哪些改变，要具体。

现在，请完成手册中的表 15"更好的我"。不要考虑太多，请把你的回答记录下来，就像你想象的那样。如果感到有些难以下笔，可以看看下面小小填写的内容。

表 5-1 更好的我（例）

填写人：<u>小小</u>
1. 我的目标
当我想象一个"更好的我"时，我选择成为一个情绪更稳定、更自信的自己。现实目标是好好学习，到高二的时候成绩稳定，同时拥有自己的高中朋友圈
2. 如果我实现了这个目标，会有什么不同呢？
我不认为它会戏剧性地改变我的生活，但学习成绩是我一直非常在意的事情。学习成绩的提升，能够极大地增加我的自信心，也能够减少我的自卑。我希望，如果我能重新开始规划自己的学习，它会让我回到一种平静的状态，不被自卑的情绪困扰
3. 我的显著优势
为了做到这一点，我选择利用自律和坚持不懈的优势
4. 我的计划
我计划每天晚上睡觉前，花费 30 分钟时间，复习当天课程，预习第二天课程。如果发现任何疑问，第二天及时求助老师或同学
5. 谁会支持我？如何支持我？

初中的同学中有我的好朋友，虽然现在不在一所学校，但是我们可以一起学习。周末我也会打电话约他，看他是否愿意跟我一起复习。在学习的过程中，我还会主动发掘身边的资源，在新同学中找到志同道合的朋友，一起努力。

愿意支持我的朋友的名字：初中好朋友可乐、高中的新同学（寻找中）

他 / 她多长时间会来检查我的进度？

我们如何沟通？　　电话☑　　微信☐　　当面☐　　其他☐

6. 创建时间表

制订计划的日期：2022 年 9 月 23 日

预计完成的日期：2023 年 7 月

日期中点（近似即可）：2023 年 1 月，期末考的时候成绩进入班级前五名

② 焦虑：做好孩子的"镇定小鸡"，击败不合理信念

案例：总是担心自己不够好，做不好

小未，男孩，10岁，四年级学生，有一个小他3岁的弟弟。稍有不顺心就会大哭大闹、发脾气，有时候还会强抢弟弟的玩具或用品。情绪不稳定，特别爱哭闹，一哭起来谁说都不听；说爸爸妈妈只爱弟弟不爱他；考试前紧张焦虑，考试后成绩不理想就会大哭大闹。上周因为忘带课本被老师罚站，自己觉得丢人不愿意去学校，在家里待了一周，下周还不打算去学校。爸爸妈妈实在不知道该怎么办了，在老师的介绍下前来咨询。

一个初夏的傍晚，小未在妈妈的带领下走进了咨询室。妈妈说小未刚放学，他们从马路对面的学校过来。和其他同年龄段的孩子一样，刚一进入咨询室，小未就对木盘里的沙子和架子上摆放的玩具表现出极大的兴趣。他的眼睛一直看向沙子和玩具，看起来想要上前做些什么。有所不同的是，他虽然看起来很想做些什么，但是行为上会有所克制，他一直紧紧地跟在妈妈身

边，抓着妈妈的手，与我和沙子保持一定的距离。

其实，木盘、沙子、架子上的玩具、水，这些都是心理咨询中沙盘游戏的组成元素。

看到小未对沙盘如此感兴趣，我上前询问道，"你想不想试试做一个沙盘？"小未很惊奇地看了我一眼，好像在说："真的可以吗？"

看到我冲他点了点头，小未立刻走过去，站到了沙盘和沙架之间，看起来像在思考具体应该摆些什么。

我走到他的身边，向他简要介绍了沙盘，并说明沙盘游戏[1]的规则，也对他进行了一番鼓励和支持，小未随后开始了他的首次沙盘之旅。

小未在第一次沙盘游戏中摆放了很多建筑物和交通工具。城楼、堡垒、公路……看起来他想要在沙盘中铺一条公路，搭建一座城市。慢慢地，整座城市看起来立体又有型，非常饱满。

可惜，好景不长，由于用来承载高架桥的支撑物只是普通的公路沙具，比较软，不够坚硬，随着上边的交通工具越来越多，高架桥的承载能力有限，一些地方出现塌陷。小未开始修补，他说"有些地方还在修路"，并从沙架上拿来一些交通锥作为警示。他还在沙盘的边缘摆放了一圈堡垒、城楼、栏杆等，看起来是想要把整座城市包围保护起来。这一点也显示了他内心不安的情绪，他想要把自己严丝合缝地保护起来，只有这样，他才能感觉到安全。但同时，他也把自己和周围的人隔绝了起来。

沙盘结束后，我和小未妈妈进行了详细的沟通。小未妈妈告诉我，小未学

---

1 沙盘游戏：一种心理疗法，来访者自由选取摆放在架子（沙架）上的各种模型玩具（沙具），并摆在一个装有沙子的空间（沙盘），创作一幅作品。心理咨询师通过观察并与来访者讨论他的创作行为与沙盘作品来进行心理分析与治疗。

习成绩非常好,每次考试都是班级前几名。但是他的情绪很不稳定,经常稍有不顺心就发脾气,大哭大闹,哭闹起来就跟五六岁的小孩子一样。在我看来就像小未摆放的沙盘一样,看似完美,但是内部结构非常不稳定,很容易让人担心。妈妈说,小未3岁那年春天,弟弟出生。随着逐渐长大,弟弟变得越来越听话懂事。小未反而好像一直在倒退。家里人普遍认为相比起小未,弟弟更暖心,更懂事,情商更高,所有人都非常喜欢弟弟。小未呢?看起来是哥哥,但是越来越不懂事,不顺心就哭闹,跟妈妈吵架,有时候还需要弟弟出面安慰,一点都没有哥哥的样子,家里人对小未的不满越来越多。

其实,在小未过往的经历中,形成了一种错误的认知:跟弟弟比起来,他是不好的,是差的;弟弟在的地方,他是被忽视的,是不被爱的。他试图用一些不好的行为、情绪化的反应,来吸引家人们的注意力,尤其是妈妈的关注。另外,这种不好的行为所指向的也是一种认可,小未认可了自己是不好的自己、不被接纳的自己。一方面他认可了自己的不好,另一方面他又很担心自己不好,因为这样妈妈就不爱他了,很可能会遗弃他。这跟弟弟刚出生时家庭环境的变化以及家人的态度有关。当时的氛围给小未带来了一种担心自己被遗弃的不安全感,并由此产生了比较严重的焦虑情绪。

关键词:焦虑

那么,焦虑到底是什么呢?它为什么会对小未产生这么大的影响?

在心理学上,焦虑是指个人对即将来临的、可能会造成的危险或威胁所产生的紧张、忧虑、烦恼等不愉快的复杂情绪状态。

焦虑还可以是一种生理状况,或者是产生不安的念头与想法。担心和困扰都是焦虑的心理表现，而紧张性习惯与强迫性行为是焦虑的行为表现。

其实，焦虑的原型——紧张，是有其好处的。健康的心理、成功的人生，乃至死里逃生的能力，都必须具备适度的紧张情绪，因为它能驱使人们避开危险，积极行动，使身心达到最佳状态。完全地放松，不利于考试或某些重要的事件，因为这类事情需要全神贯注。只有当一个人过度紧张或者总想逃避的时候，才会产生焦虑。

当焦虑达到一定程度时，人们会感到非常痛苦。对于青少年来说，焦虑引发的痛苦有多种表现形式。

- 生理反应，如心跳加速，呼吸急促，肌肉僵硬，胃里有压迫感或灼烧感，颤抖出汗，手脚燥热或冰冷；总想上厕所，肠胃不舒服，甚至大小便失禁。
- 顾虑重重，如"万一遇到麻烦怎么办？""要是没那样做就好了，我会后悔一辈子"。
- 胡思乱想，头脑中不由自主地反复出现某个想法或情景。
- 缺少变通和灵活应对能力，不敢冒险，回避新事物，常规事物稍有变化就会导致情绪崩溃。
- 行为习惯，如啃指甲、扯头发、坐立不安、咬衣服等。
- 持续的负面情绪状态，如警惕、忧虑、惊吓、恐惧等，或者时刻对外界保持戒备。
- 过度害怕某个事物，包括幻想中的事物，如狗、虫子、床下的怪物。
- 认为这个世界处处都是危险。
- 逃避任何有可能引发恐惧或焦虑的事物，而当无处可逃时就会情绪失控。

- 焦虑的行为模式，如害羞、黏人、犹豫不决、追求完美、强迫症，或企图完全控制周围的环境。
- 随着绝望感的增加，想获得更多安抚，但在别人给予安抚的时候却又断然拒绝。

由此可见，焦虑会影响孩子的身体、思维、情绪、人际关系和行为。每个孩子焦虑的表现不一样，感受也不一样。

小未就是如此。他很怕改变，周围的环境稍有变化，他就会情绪崩溃，大吵大闹，随时随地都处于一种不安的状态。在他的认知中，"弟弟表现得比我好，他们都喜欢弟弟，不喜欢我"。对于妈妈，一方面他很想亲近妈妈，所以每次妈妈回家他都会黏在妈妈身边；但是另一方面他又会很担心，"妈妈会不会不喜欢我""她为什么只关注弟弟""我这样她会不会不爱我了"，所以他对妈妈总是有一种纠结的心态，既想要靠近又怕受伤害，这些都是小未内在焦虑的表现形式。

那么，当孩子出现焦虑情绪的时候，父母能够做些什么呢？

 家长操作指南

一、每个孩子都需要一只"镇定小鸡"

美国著名临床心理学家、儿童游戏治疗师、亲子关系专家劳伦斯·科

恩博士（PhD. Lawrence Cohen）曾经做过一个非常有趣的实验：他轻轻捧起刚刚出生几天的一只小鸡，死死地盯着它的小眼睛，就像老鹰盯上猎物的样子。等他把它放下时，小鸡吓得僵在地上不动了，开始装死。大约1分钟后，它蹦起来，又开始四下走动。这是第一步实验，这只小鸡经历了一次从害怕到复苏的循环。第二步实验中，他同时捧起两只小鸡并吓它们，结果它们一起装死，大约持续了5分钟。也就是说，它们一起装死的时间，比第一步实验中单独装死的时间要长得多。接下来第三步，他也选择了两只小鸡，但在吓一只小鸡的同时，让另一只在旁边闲逛，结果被吓的这只小鸡仅仅在地上躺几秒钟就蹦了起来。

劳伦斯得出结论：受惊的小鸡会通过身旁第二只小鸡来判断自己所处的环境是否安全。

劳伦斯还发现，孩子的焦虑情绪，跟小鸡是一样的。当一个孩子在面对危险时，他会通过捕捉周围的信号来评估：现在是安全还是危险？如果发现周围的人也在害怕，他就会继续僵固在恐惧情绪中。相反，如果他发现周围的人很放松，他也会很快"自我解冻"，重新镇定下来。以孩子的理解，如果身边的人害怕，就表明周边有危险；而如果不害怕，则表明周边很安全。因此，在安抚孩子之前，父母先要能够做"镇定的第二只小鸡"。

通常，孩子在轻度紧张时，只需要父母劝慰几句就行了，父母起到了"没有害怕的第二只小鸡"的作用。而对于那些很容易高度紧张（即焦虑）的孩子，他们不仅听不进劝慰，有时劝慰反而会使他们更加不安。其中一个重要的原因，就是他们的父母同样也很紧张。当孩子环顾四周时，他们看见了紧张的父母——"吓坏了的第二只小鸡"，这让他们更加坚信，这个世界是一个险象环生的地方。

紧张和焦虑是一种极具传染力的情绪。因此，当你下次为孩子担心时，不妨有意识地在大脑中按下"暂停"键，告诉自己：现在并没有危险，担心不过是因为被孩子的情绪传染了。此时此地，身为家长，我能否为自己发出"解除警报"的信号？能否成为"镇定的第二只小鸡"，先安抚自己，再安抚孩子呢？

二、学会识别合理信念和不合理信念

不合理信念来源于美国心理学家阿尔伯特·埃利斯（Albert Ellis）的理性情绪行为疗法（Rational Emotive Behavior Therapy，英语缩写REBT）。埃利斯认为，人们并非被不利的事情弄得心烦意乱，而是被他们对这些事件的看法和观念弄得心烦意乱，有时会感到悲哀、遗憾、迷惑和烦闷，有时则会更加严重，变得抑郁、焦虑或暴怒。

人的情绪伴随思维产生，情绪上的很多困扰是非理性的思维所造成的。合理的信念会引起人们对事物适当、适度的情绪反应；而不合理的信念则会导致不适当的情绪和行为反应。具体来讲，常见的不合理信念有以下三种。

其一，绝对化的要求。通常指的是人们以自己的意愿为出发点，对某一事物怀有认为其必定会发生或不会发生的信念，它通常与"必须""应该"这类字眼连在一起。比如"我必须获得成功""别人必须很好地对待我"等。

其二，过分概括化。这是一种以偏概全的思维方式。比如，当面对失败或者比较差的结果时，会认为自己"一无是处""什么都做不好"等。

其三，糟糕至极。这是一种认为如果一件不好的事情发生了，将会非常可怕、非常糟糕，甚至是一场灾难的想法。比如"如果我高考没考好，那我这辈子都完了"等。

当人们坚持某些不合理的信念时，有可能让自己产生不必要的痛苦，长此以往将导致个体陷入极端不良的情绪体验——如耻辱、自责自罪、自卑自弃、焦虑、悲观、抑郁——的恶性循环之中，难以自拔。长期处于不良的情绪状态之中时，最终将会导致情绪障碍的产生。

其实，人人都拥有探索和改变这些不合理信念的能力。如果能努力寻找并击败你的不合理信念，你就可以消除自己的痛苦。

就像小未一样，他的核心的不合理信念是"我一定要做得比弟弟好！如果不能，那我真是太笨了，而且爸爸妈妈也就不再爱我了"。这是一种绝对化的要求。因为一个人可以尽可能地让自己变好，但一旦对自己说"我一定要……""我必须……"，就会变得对自己过于苛刻，甚至追求完美。事实上，没有人是百分百完美，从不出错的。

当孩子遇到不合理信念的时候，父母应该先想办法帮助孩子驳斥它，"为什么一定要表现得比弟弟好？如果你比弟弟表现差了，爸爸妈妈真的会不再爱你了吗？"然后提出有效的合理信念，"我知道你非常想做得比弟弟好，有些时候可能也会有失误，但是没有关系，即使你做得没有弟弟好，爸爸妈妈也依然会爱着你。"

不管何时，当你或者孩子感到焦虑、沮丧、情绪低落或者自怨自艾的时候，请仔细寻找，直到找到其中的合理信念和不合理信念。合理信念只是表达人们的喜好和厌恶：想要什么，不想要什么；而不合理信念表达的则是无条件的必须、应该和一定要，这时就对自己、他人和这个世界提出了神一般的要求和命令。要看清这两者之间的差异。努力接受现实，不管你或者孩子的目标和希望是多么合理和恰当，也不该苛刻地要求、追求"我一定要"。

三、冥想练习帮助孩子缓解焦虑情绪

冥想练习认为，人们的全部痛苦都来自无意识的自动思维和由此引发的情绪。从古时候开始，冥想就一直是一种帮助人们从苦难中解脱的途径，让身体与想法能够拉开一段距离，从而保护自身健康。在冥想的过程中，我们可以改变视角，正视自己的想法，但不对其做出任何反应。

美国马萨诸塞大学医学院曾经做过一项调查研究，研究的主题是"正念为基础的冥想，对一群饱受广泛性焦虑症[1]折磨的人的影响"。研究发现，在为期 8 周的短暂冥想学习之后，90% 的参与者的焦虑和抑郁程度大幅降低。更令人惊讶的是，随后 3 年的追踪研究中，研究者发现那些改善一直存在。冥想究竟是如何让他们发生变化的呢？

一方面，冥想可以减缓大脑杏仁核的活动，从而减缓面临压力时的焦虑程度。杏仁核是进化上非常古老的一个区域，形状类似杏仁而得名。在焦虑症病人中，这个区域的活动会特别强烈。有焦虑症的人在遇到外界压力时，大脑杏仁核的反应会特别敏感、特别剧烈，外界的一点小事很容易就激起他们焦虑紧张的状态，造成恶性循环。研究发现，长时间练习冥想的人在面临压力时，其杏仁核的反应比较小，这意味着他们的焦虑程度也不高。

另一方面，冥想也可以通过放缓呼吸来缓解焦虑。呼吸包括很多不同种类的节律，比如正常喘气、叹气、打哈欠等。这些不同种类的呼吸节

---

1 广泛性焦虑症：是最常见的一种焦虑障碍，特点是持续显著地紧张不安与警觉。

律，和社交以及情绪信号有关。几个世纪以来，人们一直在通过放缓呼吸来促进和达成内心的平静。在临床中，控制呼吸也被用于治疗惊恐发作中过于激动、兴奋的状态。练习冥想时的呼吸节律会比平常更慢。而这个更慢的呼吸节律，可以缓解他们的压力水平。

冥想需要正确的技巧，最重要的一点，就是要采用正确的坐姿，这是进入冥想状态的前提条件。首先应该找到一个最放松且稳定的姿势，这样在冥想时才容易集中注意力。注意保持脊柱挺直。让脊柱像一堆平叠起来的硬币一样伸直，以一种放松的方式完成这些，不要太过僵硬。保持背部挺直，不应该有肌肉张力的参与。简单放松地坐着，最好面带微笑，因为人在微笑时神经是自然放松的。保持直立的姿势是非常重要的。这是一个已知的生理学上的觉醒姿势，如果整天没精打采就会很容易犯困。当一切准备就绪后，就可以开始正式的冥想练习了。

这里有一套10分钟冥想入门。家长可以带领孩子一同练习。对于刚刚练习冥想的初学者来说，是不错的选择。对于青少年来说，10分钟是一个相对容易抽得出的时间。附赠手册中表16为"10分钟冥想分步打卡表"，可以7天为一个周期进行练习，并填写检视，将冥想可视化，有助于顺利入门。

预备

（1）找个地方，舒适地坐下来，腰背挺直。

（2）确保在冥想期间，不会受到人或事的打扰，手机开启飞行模式。

（3）设好10分钟闹铃。闹铃的音乐温和一些，确保不会被突然吓一跳。

签到

（1）做 5 次深呼吸，用鼻子吸气，再用嘴巴呼气，然后轻轻地闭上眼睛。

（2）将注意力集中在自身落座时的躯体感觉、脚放在地板上时的躯体感觉上。

（3）用意念扫描全身，留意身体哪些部位感到舒适和放松，哪些部位感到不适和紧张。

（4）留意自己的情绪：你现在处于什么心情。

专注于呼吸

（1）留意你在哪个部位最强烈地感受到呼吸时的起伏。

（2）留意每次呼吸所带来的感受，注意每次呼吸的节奏——是长还是短，是深还是浅，是粗重还是顺畅。

（3）再将注意力集中到呼吸带来的起伏感觉上，缓缓地数呼吸次数，每吸、呼一次气各数 1 次，数到 10 为一组。

（4）重复上述过程，循环 5~10 组。

结束

（1）注意力不再集中，任由心灵随意自在地忙碌或放松 20 秒。

（2）将心灵带回到躯体感觉上来，即身体在椅子上的感觉、脚放在地板上的感觉。

（3）在准备好之后，缓缓地睁开眼睛，站起来。

刚开始练习的时候，可能会发现自己总是不由自主地分心，难以集中。但是长期坚持训练，就会熟能生巧，变得容易起来。另外，除了专门抽出时间和空间做 10 分钟冥想，还可以把冥想整合到日常生活中。比如，学习乏累时，坐在椅子上，专注于呼吸的节奏。对时长也没有要求，1 分钟、5 分钟或 20 分钟，任意时长都可以。重要的是，在冥想的时间里，不要去想任何事物，唯一需要做的就是专注自己的呼吸。所以在睡觉之前，花上 5 分钟来做这件事也是很不错的。

③ 自伤：用耐心、温柔陪伴，引导孩子积极地释放压力

案例：伤害自己是为了什么

晨晨，15岁，女生，初三。性格内敛，不善言辞，乖巧懂事，成绩平平。初三升学后，依然普通的成绩导致压力剧增。妈妈无意间发现晨晨身上有深深浅浅的伤疤，才知道女儿竟在偷偷自残，妈妈对此既担心又不敢主动询问，为女儿找到了心理咨询。

一个闷热的午后，虽不见太阳的身影，但空气中全是让人心神难宁的潮湿，一丝风也没有，空气仿佛都凝住了，天气的沉闷让仅仅是静候来访者到来这件事也变得有些难耐。

"嘎吱"一声，一个小脑袋从门外侧进来，伴随着小心翼翼的提问："老师，我能进来吗？"

真是一个非常有礼貌、懂事的孩子。我回应着说："可以呀，进来吧。"话音刚落，一身看起来很吸热的黑色长衣长裤映入眼帘。"请坐吧。"听了

我的话后，晨晨静静地坐在了位子上，双手整齐地放在自己的膝盖上，略带紧张和羞涩，我们的视线触碰在一起。我微笑地看着她，"不要紧张，我们只是简单地聊一聊。"她没有说话，很轻地点了点头。

夏天已过大半，炎热的夏天，大家都穿着漂亮的裙子或者短衣短裤，但晨晨一直穿着自己的长袖衣服，不愿意脱下。晨晨妈妈也慢慢察觉有些奇怪，为什么女儿这么热的天气还穿着长袖？无意间，晨晨妈妈关注到女儿的手腕上有好多条深深浅浅的伤痕。这才知道为什么孩子一直不敢脱下自己的长袖，原来是晨晨偷偷有自残的行为。这个令人惊骇的秘密让晨晨妈妈非常不解，更多的是惊讶和担心，便找到了专业的心理服务寻求帮助。

"晨晨平时都住校的，偶尔周末才回家，我不知道她发生了什么。"晨晨妈妈诉说着。

"她从小都很乖很懂事的，特别让我省心，我真的不知道她为什么要伤害自己，她是不是……不想活了？！"说到这句时，我感觉到晨晨妈妈的表情有些扭曲，这是我们的谈话中晨晨妈妈情绪最激动的时刻。

和晨晨的正式咨询开始了。青春期阶段的自伤通常都与情绪无法得到合适的方式释放有关。果然，虽然我的提问她都会很认真地回答我，但是好像她很少去表达自己的情绪。每当问到她的感受时，她都会回答"不知道""还可以""没什么"。

随着咨询过程的深入，我和晨晨建立了良好的咨访关系，终于，她愿意向我讲述自己升入初三后的点点滴滴。

"老师，你知道'小透明'这个词吗？"

我猜测"小透明"象征着存在感较低或没有存在感的人，我回答道："可能知道吧，你是怎么理解的呢？"

"我觉得我就是一个小透明，可能因为我不怎么说话吧。"

原来升入初三时，班主任曾单独把晨晨叫出去，耐心地嘱咐她现在的成绩很危险。一直默默无闻的晨晨感受到升学的压力越来越大，可当身边的同学在课间讨论自己不会的习题时，晨晨虽然也很想参与其中，把题弄懂，但又觉得自己的成绩吧，有点插不上嘴；当集体吐槽初三所遭受的压力时，她觉得自己张不开嘴，不知道怎么去说。面对所有的压力和情绪，她都深深地埋在她的心里。

我问："那面对压力你都是怎么样去化解的呢？"

晨晨沉默了很久，抬头看着我，问：

"你试过听手表的指针声猜出已经过了多久吗？"

原来在好几个月前，晨晨已经开始晚上睡不着觉。每一个失眠的晚上，她只听得到房间里时钟每次转动的"嗒、嗒、嗒……"；每一个辗转反侧的夜晚，当有宿舍阿姨靠近的脚步声时，晨晨都会乖乖地闭上眼，扮演好一个在睡梦中的乖孩子，脚步声渐远时，再悄悄把眼睛睁开。

"后来，我知道了一个方法。我们班里有个同学失恋后，偷偷拿刀划自己，边流泪边划。这件事在班里都传开了。我第一反应觉得害怕啊，多疼啊。但不久后发现在班级的角落里，也有一些同学尝试这样的行为。听得多了，见得多了，这个事情我慢慢觉得好像也没有那么让人惊讶了。

"听时针真的听累了，我也真的有些受不了这个环境了，我也试了试。

"圆规划下的那一刻，真的很痛快啊！"

我看着小小的晨晨。对于她来说，那些压抑、那些痛苦、那些想要歇斯底里的委屈都伴随着那一瞬间释放了。

晨晨慢慢掀开她的袖子，深深浅浅的新伤加旧伤，她说道，从此以后，每当感到压力大、严重失眠时都会忍不住划一道给自己来个痛快的。

关键词：自伤

自伤的全称是"非自杀性自伤行为"，简单来说，是指在没有自杀意图的情况下，直接、故意、反复伤害自己的行为。

孩子自伤的方式，也不仅限于刀割。例如用圆规戳自己、用烟头烫自己、用手抠或抓自己、用力拔扯自己的头发、用头撞墙、用力咬自己、吃有毒的东西、吞食异物或药物、把头浸埋在水中使自己窒息等行为，都是他们会采用的自我伤害的方式。

青少年一直以来都是自伤研究的主要对象。已有研究发现，青少年是自伤行为的高发人群，并且自伤发生率有逐渐上升的趋势。在我国，有研究表明：青少年普通群体的发生率为 14%~39%，从年龄上看，12 岁是自伤的高发年龄。

从数据中可以看出，自伤现象在青少年群体中变得越发普遍。当父母发现孩子自伤时是多么地心疼与担心，若频繁出现自伤行为，也很容易让人联想到孩子想要结束自己的生命。

事实上，自伤行为在个体有自杀意图或者无自杀意图的情况下都有可能产生。有时很难立即判断个体有自伤行为时的直接动机。但总体来看，非自杀性自伤的发生率比有自杀意图的自伤高出很多。因此，不能简单粗暴地把自伤行为与于自杀画等号。

每一个采取自伤行为的人都有属于他们自己的需求。自伤者大多数通过自伤的方式来消解自己的情绪痛苦；也有可能想自我惩罚，表达对自己的不满、愤怒和怨恨；又或是以此寻求他人的关注，希望通过自伤让别人能够更加关注自己、重视自己，获得家人的关注与陪伴，满足自己的要求。

对于青春期的孩子来说，大多数自伤行为是为了宣泄情绪，消解痛苦。

自伤为什么可以宣泄情绪、消解痛苦？因为"压力 + 自伤 = 释放"。我们假设每个人是一个杯子，压力就像杯子里的水，当杯子里的水不断增加，杯子的可释放空间就越来越小，当水到达顶峰时，杯子就没有其他空间。成年人对于杯子（自己）的了解很全面，可以有很多方式去腾出杯子的空间。但是对于孩子来说，他们对于杯子或许只知一二，又或者根本不知道还有其他方式可以腾出空间，就有可能采用冲动、极端的方式来破坏这个杯子，也就是产生自伤行为，最终得到释放。

在和晨晨的咨询中发现，这个小女孩不是没有情绪，也不是不想表达情绪，而是她并不知道怎样去表达自己的情绪。逐渐堆积的压力，"小透明""成绩危险""听时针"，如洪水猛兽般汹涌而来的情绪痛苦让她无处排解释放，这时同伴采取的自伤行为恰巧给了晨晨新的思路。或许自伤并不是她原本想要习得的缓解情绪压力的最优方式，但她习得了之后，身体疼痛掩盖了自己的心理压力，她获得了释放，对于她来说这便是能够让自己放松的行为模式。

无论自伤行为出于哪种目的，一旦这种行为每次出现都可以让情绪得到预期的释放，那么自伤行为就会被反复强化，持续保留下来。就如老话说的"奶娃儿一哭就有糖，那下次想吃糖的时候他就知道还要哭"。

正如晨晨尝试划下那一刻，情绪得到一定的缓解，初尝自伤的甜头，这是她认为自己成功处理情绪的方法，之后便会沿用同样的方式，自伤行为也不断被强化。每一次强化都会获得回报或奖励，反复参与过后，自伤行为有很大可能转化为习惯性自伤。

而习惯性的自伤行为会消减个体本能的恐惧和生理的疼痛，这与人的生理原因有着密切关系。自伤行为会导致体内引起疼痛知觉的物质失衡，疼痛阈值和耐受性升高，这意味着自伤者对于疼痛的感知度降低、容忍度提高。这样一来，自伤行为也会变得逐渐平常化。

家长操作指南

一、平和的第一反应

现实生活中，不管父母是通过何种方式知晓孩子自伤这件事情，通常都避免不了他们本能的震惊、愤怒、怀疑。但是为了接受这个现实和尽可能避免伤害到孩子，父母必须克服自我最初的感受。

很多时候自伤者会尽力闭口不谈这个问题，这其中往往也夹杂着很多原因，例如羞耻、愧疚、愤怒、悲伤等冲击性的情绪，又如难以开口更难以面对，害怕父母会指责、阻止自己等。因此，自伤者往往不会主动寻求帮助，家人往往也是延迟或在无意间发现这个秘密。

当父母知晓这个秘密时，他们无法理解自己的孩子，更不知如何应对这种状况，还会带着这个不能张扬的秘密而左右为难。在这样一个情绪激动的时刻，父母的第一反应要尽量保持平和。因为对于孩子来说，被父母发现自伤，就是被发现了一个秘密，发现自己犯了错误。再加上我们中国文化中"身体发肤，受之父母"的思想深入人心，自伤者本人也不例外，这会让自伤者陷入尴尬和愧疚中，加深他的负向情绪。

二、谈话策略

要与自伤的孩子对话，父母往往会望而却步。这的确会是一件具有挑战性的事情，但是父母也要坚定地相信你可以迎接这个挑战。

强硬的阻拦、歇斯底里的质问这些蛮干方式阻止不了自伤行为，而是需要一场正式的谈话，通过谈话才能深入了解自伤行为背后核心的原因是什么。开启一场正式的谈话也是需要技巧的，谈话目的、谈话方式、谈话场所都需要父母深入思考。

1. 合适有温度的谈话目的

当你打算开启关于自伤的谈话时，请各位家长先轻轻地闭上自己的眼睛，将自己安定在原地，慢慢在脑海里想象出来，此次，你的谈话目的是什么呢？

确认好后，慢慢睁开眼睛，你的答案是否在以下这些内容当中呢，如：

- 我要去质问他，他为什么要这样做；
- 我到底做错了什么，他要这样报复我；
- 我要他承认自己的错误；
- 我要竭尽全力去制止他；
- 我要让他为自己的行为付出代价；
- 我要惩罚他；
- 我想知道他是不是不想活了。

……

如果你的答案就在其中或者与上文十分相似，怀揣着很多疑问和负性情绪，那么这次谈话注定会是两败俱伤，孩子并不会老实说出自己最真实的想法。

因此，在确认一个合适有温度的谈话目的之前，邀请大家先跟随下面几个问题进行逐一思考，当你真的理解自伤行为的原因，你随之也会对与孩子的谈话目的更加清晰。

- 他有属于自己的释放压力的独特方式吗？
- 他有足够的应对能力处理好身边的人际关系吗？
- 他有感受到家庭足够的支持与包容吗？
- 他能够面对并处理好身边大大小小的困难吗？

一个孩子面对这些问题的答案中"没有"越多，他内心所受到的伤害就越多，那么对他而言，自伤所带来的肉体上的痛感就越能帮助他缓解内心上的痛苦。所以父母需要去思考一个问题：我怎样做才能坐在我孩子的身边，让孩子愿意在痛苦的时候和我分享。

2. 温柔而亲近的谈话方式

父母在思考"我怎样做才能坐在我孩子的身边，让孩子愿意在痛苦的时候和我分享"这个问题前，可以换个角度来思考：回想自己还是一个孩子时，当你十分痛苦的时候，你的父母怎么做会让你愿意和他们分享。

毋庸置疑，包容接纳的方式更容易让人接受。对于自伤的孩子来说，成长过程中遇到了不可应对的困难和阻碍，致使他们选择了自伤行为。此刻，包容接纳的亲子关系可以让孩子感到舒服和安全，知道父母是在背后支持自己的。相反，专制武断的亲子关系会让孩子感觉到恐惧和愤怒，更加回避去吐露心声，将孩子从身边推远。

包容接纳的方式需要父母记住"温柔""亲近"这两个词，"温柔"是父母真的去和孩子在一起，共情孩子的痛苦；你的身体语言、语调和实际的话语都没有表现出过于指责、批评。孩子的自伤行为，可以理解为一种迫不得已的求助，他们不舒服了、受委屈了，需要支持，关怀与理解。"亲近"就是知晓孩子自伤时可以先关注孩子的情绪，不要先关注伤口，等到孩子情绪平复时再帮孩子处理伤口。

与自伤的孩子谈话时，可以运用下面这些说法表达自己对孩子情绪的关注——

- 看到你这样，最近一定很痛苦吧？
- 你愿意和我分享发生了什么吗？
- 我能做些什么来帮助你吗？
- 可以和我分享一下当时这样做有什么样的感受吗？
- 可以跟我分享一些自伤的事，我需要你帮助我了解自伤。
- 你愿意分享的时候，我一直都在。

千万不要跟孩子说出下面这些话——

- 你为什么变成了这样？
- 你从哪儿学到这种方法的？
- 你把刀片藏到哪儿了？
- 你这样做就为了引起我的注意吗？
- 你如果再这样，我就……
- 你为什么要自杀？

3. 谈话前要充分准备

如果随意开启谈话，自伤者并没有做好足够的准备，很有可能直接将谈话变成一次激烈的争吵，反而加大谈话的难度。建议父母在开启谈话前可以给孩子一些小提示和暗示，尽量不要在公共场合随意开启，如停车场、商场、吃饭时等。更希望家长可以说："我想和你进行一次温柔又亲近的谈话，时长大概需要 40 分钟，你想我们在哪里聊？你准备好了可以随时告诉我。"当孩子也准备好共同开启这个谈话时，谈话才会更加有意义。

三、替代策略

自伤行为其实是狭隘地选择了单一且有快感的情绪释放方式。为了避免习惯性自伤，父母可以引导孩子选择任何健康的、无害的行为来替代自伤。

拿晨晨举例来说，学习压力、人际关系、在校的表现以及情绪状态，父母要从中取得一个平衡点。当然这个平衡点是非常难把握的，在孩子情绪不佳的时候，学习、成绩、人际关系，这些就是变相的压力，孩子的应对方式有限，无法确保可以通过自己寻求出合适的宣泄方式。此时父母的引导极为重要。

在引导孩子进行替代策略时，需要保持循序渐进的状态，可以分为两个阶段。

第一阶段，需要将自伤替换成其他类似的发泄方式。如当孩子想要再次自伤的时候，可以选择用红色的笔在身上画，来替代刀割因为：红色在视觉上与血液的颜色相像；且红色笔液不好清洁，相比血液留存时间较长，可以给到孩子情绪平复更久的时间；笔画在胳膊上的触感与刀划相像，可以替代孩子刀割的自伤行为。或用手握住冰块，用力挤压。冰块的寒意可以麻痹并分散注意力，挤压冰块需要的力量可以释放压抑的情绪。还可以在手腕弹橡皮筋，轻微痛感可适当替代自伤所带来的痛感和快感。这些方式虽然可以避免孩子进行自伤式的发泄，但还是有破坏性的、消极的发泄方式。保留这个阶段，是要给孩子一段改变的时间，让他们暂时用一些伤害较小的做法来替换更具有破坏性的自伤行为。

第二阶段，可以引导孩子尝试更加积极正向的方式释放情绪。如写日记、跑步、绘画、听音乐、找人倾诉……希望父母不是简单地知道这些方式，或者告诉孩子你有这些方式可以选择，而是真正陪伴孩子去体验这些方式。前期孩子主动将这些方式落地实践的意愿度会比较低，但父母可以主动邀请孩子，一起写一段日记、跑一公里、画一幅画、听一段音乐、互相倾诉……

自伤的孩子最需要父母做到的就是陪伴、耐心与温柔。随着父母的关爱与自己的成长，他们会找到另一条更加安全的情绪出口。

4 抑郁：正视孩子的全部情绪，适时寻求专业帮助

案例：一条会咬人的黑狗

小雨，女孩，12岁，初一年级学生。近一个月来，抑郁情绪严重，经常无故哭泣，意志消沉，无精打采。之前遭受过一次校园欺凌，感觉没有人理解她、帮助她。觉着很多事情做起来也没有什么意义。最近一周出现过不想上学的念头，爸爸妈妈没有办法，在老师的推荐下前来咨询。

这是小雨第二次坐在咨询室里。沉默如前一次一样蔓延。

过了一会儿，我开口问道："小雨，今天你感觉怎么样？"

"挺好的，谢谢你。"小雨回答。

"或者，我换个方式问这个问题。假设我们有一种温度计，可以用来测量你现在的感受。温度计有10个刻度，最低为1，代表你感觉非常糟糕，可能还有自杀的想法。中间是5，代表你感觉还不算太糟。最高为10，表示你非常愉快。你觉得自己处在1到10的哪个位置？"

"3 或者 4 吧"，小雨思考了大概 1 分钟后回答道。

"为什么会选择 3 或者 4？"我接着问道。

"不知道。"停顿了一会儿后，小雨接着说，"就是觉着现在做什么都没有意义。一切都显得那么黯淡，我找不着出路。……我感觉自己好像也没什么价值，而且还把自己的生活搞得一团糟。"说到这儿，小雨突然哭了起来，身子一起一伏地颤抖着。

我把纸巾盒递给了小雨。过了一会儿继续问："你一直都是这么觉得吗？"

"我想是的。很长一段时间里，我时不时都会这么想。当然，确实有些时候一切似乎好起来了，好像我可以真正去干点什么。可是很快，我的兴致就又低落下来，没了做事情的劲头，接着就跌入了我非常熟悉的悲伤情绪里。"

"那么，这一次，你认为是什么让你感到不快乐？"我继续询问。

"说来话长。"小雨回答。

"我在听。"我回应道。

于是，小雨打开了话匣子。

"刚上初中的时候，我在班里的人缘不太好，没有什么朋友。同学们也经常嘲笑我。有一天下午放学的时候，我被几个小混混堵在学校旁边的巷子里，他们问我要钱，我不给，他们就打我，拽我的头发，扯我的衣服。"说到这里，小雨沉默了一会儿，"但是，真正让我受伤的是回到家后，他们对待我的方式。"

"他们？"

"嗯，我爸我妈。"小雨答道，"回到家后，我第一时间就想告诉他们我所经历的一切。可是，他们不愿意耐心听，还指责我，说我寒碜、邋遢、丢人现眼。即使后来我告诉他们发生了什么，他们也依然质问我，'为什么不骚扰别人偏骚扰你，肯定是你哪儿做得不对’。"说到这儿，小雨再一次沉默下来。

后来，经过几次咨询，我了解了事情的全貌。小雨是一个内心很敏感的孩子，她不善交际，但她又很渴望朋友，因此经常会无意识地做出一些讨好行为。但是这种行为被有些不太礼貌的孩子嘲笑了。他们甚至由此认为小雨是软弱可欺的。在一天下午放学的时候，他们围堵了小雨，试图以此彰显自己的优越感。小雨尝试着将这件事情告诉了家长，可惜没能得到谅解和关怀，反而被家长指责。小雨感到很受伤，并由此产生了一种抑郁情绪。

关键词：抑郁

抑郁是一种常见的情绪，它是一种冷色调的感觉，最基本的特征就是一种无力的、无助的、无望的感觉，它会削弱我们享受快乐、与人交往或正常工作学习的能力。抑郁的行为表现整体而言是以匮乏和空虚不足感为主，包括对以前感兴趣的事物变得缺乏兴趣，精力衰退总是感觉疲劳，自我评价过低或自责，或有内疚感，思考能力显著下降，失眠或早醒或睡眠过多，食欲不振或显著增加，等等。

没有人知道抑郁产生的确切原因，可有些因素是造成抑郁症或是让人出现抑郁情绪的导火索。环境方面，家庭矛盾、酗酒、早年丧父丧母或被父母忽视等都是引发抑郁情绪的诱因；自身缺乏亲密的、可信赖的人际关系，具有习惯性的消极思维，或是遭遇了失业、疾病或离婚等重大生活事件，都为罹患抑郁增添了风险。当然，抑郁症患者以及一些有抑郁症家族病史的人更容易产生抑郁情绪。

就像小雨，她的抑郁情绪主要来源于长久的被同学孤立和家长的不理解，没有足够的社会支持系统[1]。这些都给她带来了极大的心理压力，以致同学的欺凌变成了压垮她的最后一根稻草，导致她产生了严重的自我怀疑、悲观厌世的行为症状。

特别要指出的是，这里讲的抑郁情绪与抑郁症不同。前者是一种每个人都有可能出现的心理状态，后者则与高血压、糖尿病一样，是一种躯体疾病，是大脑中神经递质出现功能紊乱的一种表征。前者视严重程度可以通过自我调整、亲朋好友帮助或者心理咨询解决，而后者则需要就医。

那么，应该如何区分抑郁情绪和抑郁症呢？根据精神卫生法，只有精神科医生，才能根据求医者的汇报，结合相关医学检查，根据诊断标准做出判断。接下来，不妨来做一个自我检测，看看以下几点符合几项，粗略评估一下你或者孩子是否正陷入临床上的抑郁症状态。

☐ **自我检测**

- 一天中的大多数时候，甚至一整天都觉得抑郁、悲伤，或者易怒。
- 以前觉得有兴趣的事情现在提不起兴趣了。
- 发现自己胃口变弱了或增加了，体重也有所改变。
- 要么睡得过多，要么过少。
- 总是觉得疲累不堪。
- 大多数时候觉得自己没用或是有强烈的负罪感。
- 不像过去那么容易集中精力了，而且还很难下决心。

---

1 心理学术语，即个人在自己的社会关系网络中所能获得的、来自他人的物质和精神上的帮助和支援。

- 在身体上，觉得焦躁不安或是反应迟缓。

- 经常想到死亡，甚至想到过或是尝试过自杀。

如果上述症状出现了 1 ~ 4 项且不满足最后一项，那可能正面临轻微的抑郁情绪。如果出现了 5 个甚至更多的上述症状，或者只要出现了最后一项，那么现在就可能正处于显著的抑郁阶段，其原因与环境和心理因素相比，更有可能是大脑结构功能的异常，需要由精神科医生进一步明确诊断。尤其是有自杀的念头，那就要采用药物治疗的方法了，必须尽快就医。心理咨询师是没有诊断权和处方权的，但专业的心理咨询还是可以起到一些作用，比如帮助患者监控自己的风险行为，采取适当的干预方法缓解症状，减轻患者重新回归社会生活的阻碍，等等。

对于小雨而言，她目前主要集中在情绪低落、自我怀疑等方面，暂时还未出现睡眠或身体机能障碍，也没有产生过自杀的想法，所以目前尚处于抑郁情绪的阶段，可以考虑寻求成熟心理咨询师采用合适的方法进行干预。同时，父母也应当采取相应的策略从中助力。

 **家长操作指南**

一、正视抑郁

抑郁好像生命能量被消耗，以致不能维持日常的精神和体力获得，并由此引发各种症状。在我们的日常生活中，生命能量总是一边被消耗，一边在补充。只有当消耗大于补充，长期入不敷出，才表现为抑郁。打个比方，一辆汽车，汽油用完了，车就开不动了；一盏油灯，油烧光了，灯就灭了；抑郁也是一样，一个人，生命能量不够了，就抑郁了。这种能量的耗竭，不只表现在身体上，也表现在精神层面。

这样看来，抑郁的本质可以看作人体对于耗竭的消极自我调整，是身体在用抑郁向我们发出警示。这里所说的"消极"，是指这不是人的主动调整，而是被动休息。父母在这个时候必须给孩子提供足够的支持。

需要再次强调的是，抑郁情绪不等同于抑郁症，要知道，抑郁情绪只是暂时的、可逆转的，他们只是需要休息、调整和支持。如果父母能够正视和接纳这种状态，就可以从内心层面给孩子提供无条件的支持。

同样地，对于抑郁症来说，我们也不应污名化。很多人对抑郁症产生偏见与恐惧，其实是源于对它的无知。如果父母就是对抑郁症污名化的人，那么孩子一旦得了抑郁症，就会在经历疾病所带来的痛苦的同时，还要承受来自父母的偏见，这会使孩子的处境雪上加霜。

二、正视自己

任何消极思想和纠结都是抑郁延续的重要因素，采取策略可以帮我们认识到思想中消极的一面，纠正错误的认知并打断消极的纠结。

以自我批评思想为例。陷入抑郁情绪的青少年，往往会陷入自我批评中，为感到抑郁而责怪自己。例如，他们会因为觉得自己太差或太弱而感到抑郁，或使抑郁的自己无法快速恢复。如果他们未能实现自己的期望（如没能按时起床、上学、例行散步等）就会对此非常纠结。他们会觉得未来没有希望，事情无法得到转机。尽管这些想法是不理智不正确的，但他们觉得它们是真实的。因此，有必要注意这些想法的存在。下表列出了一些伴随抑郁出现的常见的自我批评思想以及合理观点。

表 5-2 自我批评思想与合理观点（例）

自我批评思想	合理观点
这是我自己的错——我因为抑郁而变得软弱	有 1/6 的人在他们的某个人生阶段会出现抑郁相关症状。这不是衡量性格或自我价值的标准。抑郁会影响到各行各业的人
我完全以自我为中心——完全为自身问题所困扰	只关注自己的问题是抑郁的一种症状。并不意味着我自私自利或自以为是。我不抑郁的时候不会只关注自己
我太懒了。我应该多做事。如此懒惰是不对的	缺乏动力与倦怠都是抑郁的一部分。并非表面某人是懒惰或软弱的。我想要变得积极，但并不是总能成功
我给家人带来了痛苦。人们很担心我。这是我的错，我是个坏人	我自己也不想抑郁——这不是我的错。我所爱的人为我担心，如果换过来我也会担心他们。这是我们为所关心的人付出的代价
我应该现在就康复。要是永远这样下去怎么办？	不必要求抑郁在某段时间结束。康复是一种缓慢的过程，前进两步就会后退一步。不要纠结于抑郁会持续多久，而要关注自己的目标，试着做一些对我来说重要的事
我永远也跨不过这道坎了。我会永远抑郁下去	尽管感觉没有尽头，但这种感觉是由抑郁本身引起的。对未来无望也是抑郁的一部分，而并非未来真的无望
我的大脑在退化，我再也不能正常思考了	抑郁会影响人们的思考能力和决断能力。但这并不是永久的，也不会造成大脑损伤

参照以上表格，试着让孩子在手册中的表 17 填写属于他自己的"自我批评思想与合理观点"。在左栏写下负面或自我批评的思想，在右栏写下一些合理的思考观点。

三、行为策略

行为策略对于抑郁的控制尤为有效，因为行为策略对情绪会产生直接和间接的影响。某些行为诸如体育锻炼、欣赏音乐或与朋友共处都会对情绪产生直接作用。此外，一些行为通过影响认知会对情绪产生间接影响。例如，同朋友的坦诚交流可以帮我们驳斥关于没人关心、没人喜欢我们的忧虑，从而促进心理健康。打扫房间、做一顿饭或完成一项突出的任务都能改变无助感的认知，也能让我们的感觉好一些。事实上，有两类活动对于战胜抑郁尤为有效——带来乐趣的活动和带来成就感的活动。最重要的是，做一些活动可以终止消极的纠结，从而制止抑郁情绪的蔓延。

此外，还有非常重要的一点，那就是尽可能维持完整的生活方式，设定目标、每日／周活动日志、保持记录的习惯并定期查看等，都是切实可行的方法，能够帮助抑郁情绪的孩子日渐恢复活力。

以小雨为例，之前小雨与咨询师共同制定的应对措施如下：

- 早晨 7 点起床，无论感觉如何。这是必需的。

- 每天出去散步，至少 45 分钟。散步时听自己最喜欢的歌。

- 给好朋友叮当、小小打电话，告诉他们我的感受。不要把自己隔绝起来。

- 练习正念冥想，每天至少 30 分钟。

- 监测每天的思想，当注意到负面或自我批评的思想时及时纠正，并提醒自己"这只是想法而已"。

- 坚持上学、写作业、记日记、打电话以及收拾房间。

- 重拾舞蹈。每周至少半天去舞蹈室跳舞。坚持自己的兴趣爱好。

- 睡觉前做一些深度放松练习。

关于抑郁情绪的干预方法，还有很多，这里只是简单列出了一些最基础的。对于青少年孩子而言，最重要的还是家长的理解和支持，同伴的接纳和鼓舞，一定要结合孩子的情况，有针对性地找出适合他的调整策略。特别是，一旦发现孩子出现中重度的抑郁症状，一定要及时就医，千万不能因为对抑郁症的不理解和恐慌就否认抑郁症的存在，拒绝就医、耽误病情。只有这样，才能真正地帮到孩子。

⑤ 愤怒：尊重、理解并共情，引导孩子积极减弱愤怒

案例：咨询室外的争吵

小刘，男，12岁，初一，升入初中以来，学习成绩下滑，家长对孩子的成绩充满焦虑，常通过指责、管束等方法表达不满、获得掌控感。初一下半学期，孩子的成绩毫无起色，同时情绪易怒，常与父母发生严重的争执，为了处理孩子的情绪及亲子关系问题，家长要求孩子前来咨询。小刘咨询初期属于非自愿来访。

刚刚送走了一位来访者，我坐在飘窗前一边喝着咖啡，一边调整着气息稳定心神。咨询师常常需要在接待每位来访者之前整理放空自己，只有这样，才能在咨询中像空瓶子一样承接住来访者的所有情绪，像镜子一样清晰地反馈给来访者所需要的所有信息。

突然，咨询室外"啪嚓"一声，好像有什么东西摔碎了。紧接着争执吼骂声接踵传来。我心头一紧，急忙放下咖啡杯，快步走出咨询室。

接待室里，助理忙乱地一手抱着一个大男孩，一手拦着一位中年男士。大男孩满脸涨红、双拳紧握，扭动着身子想要挣脱助理的怀抱冲出去。中年男士一手叉腰，一手指着男孩破口大骂："小兔崽子，反了你了！真以为没人管得了你了是吗？你再跟我喊一个试试，老师你别拦着，我再不管管他，他就要上天了。"

　　也真是难为助理老师了，一个刚刚毕业不久的女生，真不知道此时哪里来的这么大力气，生生用自己瘦弱的身体拦住了一大一小两个愤怒的人。

　　我快步走到中年男士身边，握住他高高举起的手臂，问："你是预约咨询的大刘先生吗？"

　　男士转头看了看我："是的，是我给孩子预约的咨询。"

　　"这是你儿子吗？我看到你很生气，是不是觉得孩子特别不尊重你？可是现在这样，你觉得能解决问题吗？"

　　男士怔了一瞬，终于放下了直指孩子的手臂，气冲冲地对我说："老师，你瞅瞅这孩子，这还像个样子吗？真是说都说不得了，他有本事，他把成绩搞上去，别给我骂他的机会呀。"

　　男孩听到这些，在助理老师的怀里再次用力挣了挣，大声吼道："谁要你管！我考不好怎么了？我考不好跟你有什么关系？你不就是看不上我，嫌我给你丢脸吗？"

　　我把爸爸推到待客区，将他按在沙发上，一边给他倒了杯水一边安抚他："你们都在气头上，现在这样争吵解决不了问题的，您先喝口水压压怒气，我来跟孩子谈。"眼看爸爸慢慢控制住情绪，我转身走到孩子身边。

　　"太委屈了是不是？听你们说，好像自己没考好，心里特别难受吧？愿意跟我聊聊吗，也让你爸爸自己静一静？"一边说，一边示意助理放开抱紧孩子的双臂。

孩子把头扭向一边，气呼呼的没有吭声。我拉着他的手臂，感觉他紧握的拳头僵硬、微微发抖。我轻轻掰开他的手指，手握手地拉着他慢慢走进咨询室。孩子虽然有些不情愿，但也没有反抗。

"坐吧。"

咨询室里的阳光很充足，暖暖地照在沙发上，我让孩子坐下，给他倒了一杯水，顺手递过来一包纸巾。

"看得出来，你特别气愤，觉得爸爸特别不理解你，处处干预你、指责你，很压抑、很委屈对吗？"

男孩子抬头看看我，什么都没说，端起水杯喝了口水，眼泪这时候才流了出来。

"学习很辛苦吧？自己没考好很难过、很泄气，不知道怎么面对老师、同学，尤其是父母。其实我知道，没有一个孩子不希望自己能够成绩优异、成为爸爸妈妈心中的骄傲的。其实你才是那个最难过、对自己最生气的人，对吗？但是爸爸非但不理解你、安慰你，还总是指责你、批评你，揭你的伤疤。"

我停顿了一下，等待孩子回应我。短暂的沉默后，他终于开口说话了，虽然还有些气冲冲的，但此时说话就是对话。我静静地听着他的抱怨："什么都管我，还什么都对我不满意，我觉得我已经够能忍的了。"

"感觉你压抑了很多的情绪呀！"我简短地回应了一句。

"是啊，您肯定都想象不到，我没有谈得来的同学和朋友，成绩这个样子，每天在学校就够压抑了，回到家，他们还总是管我、唠叨我，这也不让，那也不行。我说关门自己待会儿，他们不让，必须开着门以便他们能随时随刻地监视我。我很烦，说玩会儿手机，他们不给，他们凭什么不给我手机，那是我的手机呀！我这次期中考试没考好，特别害怕让他们知道。没考好，我难道不难受吗？我都怀疑我不是他们亲生的，有哪个爸爸妈妈看到孩子这么难受，非但不安慰，还连吼带骂的呢？我本来不想来咨询的，可是他们背着我约了您，我没办法被他拖来了，我刚刚只是抱怨了一句，他就跟我没完没了的。今天可是周末呀，我只有今天才能玩会儿手机，被逼着来了这里，我连抱怨的权利都没有了吗？"

"我理解了，其实你今天是不想来的，觉得耽误了自己难得的休息时间。孩子，我是非常愿意为你提供帮助的，但是否需要我的帮助，是由你来决定的，你有选择的权利，我也会尊重你的选择。"

在我说出这句话后，我看到他的眼神，终于慢慢缓和了下来。

这是一次非自愿咨询的开始，也是一个良好的开始。当我表达对他的选择权的尊重后，我强烈地感受到，孩子对我不再像刚刚那样抗拒了。

50 分钟的咨询很快结束了，我把孩子送出咨询室的时候，爸爸也安顿好了自己的情绪，两个人虽然没有说话，但是也不再对抗。我叮嘱了爸爸几句，把他们送出门外。

关键词：愤怒

愤怒是一种普遍情绪，所有人都无法完全避免愤怒的产生。大多时候，当人的需求受到威胁时，便会体验到不同程度的愤怒。如被人侵犯时，安全需求受到威胁；被人羞辱时，尊重需求受到威胁；被人限制、控制时，自由需求受到威胁；被人否定时，价值需求受到威胁等等。

在当今的社会文化中，愤怒往往是被压抑的。因为愤怒超过一定限度时，极容易出现消极、不良，甚至灾难性的后果。

- 愤怒有害健康。如伤脑，气血上冲；伤神，心情久久不能平静；伤心，心慌胸闷；伤肺，呼吸急促，气喘咳嗽；伤胃，不思饮食，消化功能紊乱。

- 愤怒影响思考。受大脑情绪优先原则的影响，产生强烈的愤怒情绪后，人们很难进行理性思考，进而影响判断决策，做出冲动行为。

- 愤怒催化暴力。许多攻击行为是在愤怒情绪的作用下发生的，这种因愤怒而产生的攻击行为极具破坏性和毁灭性。

但是你知道吗，人的任何一种情绪都有存在的意义，愤怒也是如此。

- 愤怒能够提供能量动力。历史上，有很多名人志士在受到羞辱后，化悲愤为动力励志图强的故事。如受胯下之辱的韩信、卧薪尝胆的勾践等。当今社会，这样的例子也比比皆是，比如"你说我没出息，我偏偏要证明给你看"，等等。

- 愤怒有利于人际关系。愤怒是一种自然反应，是个人情感的一种自然流露。可以让对方知道我现在愤怒了。如果发怒的目的在于找到一个解决问题的方法而不仅仅是为了发泄，那么表达愤怒就会有益于人际关系。比如，如果青少年在第一次遭遇校园欺凌行为时准确及时地表达愤怒，就会使欺凌者退却，避免自己遭受更严重的侵犯。

- 愤怒有利于看清自己。愤怒的爆发是一种强大的信号，如果能够意识到自己什么时候生气以及生气的原因，那么就能学会如何改变自己、改善生活。尤其对于青春期的孩子来说，如果你不想忍受愤怒的后果，就要回过头来思索愤怒的原因，然后改变它。愤怒，是促进青少年心理成熟的方式。

所以，愤怒管理的目的并不是杜绝愤怒情绪，而是争取积极效果，减少消极效果，增强对愤怒的觉察和控制，消除愤怒导致的冲动行为。

有关临床研究显示，情绪的高度唤起水平与冲动性攻击行为有关。只有当愤怒达到一定程度时，才会让人失去理智，出现行为决策上的错误。专门研究怒气管理的心理学专家杰瑞·戴芬伯契博士认为，愤怒是一种普遍存在的情绪体验，从有点生气到勃然大怒分为几个等级，包括不满、生气、愤怒到大怒、暴怒、狂怒等。将高水平愤怒，通过愤怒减弱因素，降为低水平愤怒直至怒气平复，可以有效避免在高愤怒水平下做出冲动性破坏行为。

咨询室外，咨询师对小刘和父亲冲突的干预过程中，就运用了愤怒减弱因素。

首先是对父亲大刘。大刘当着年轻女助理的面儿，被自己儿子冲撞，颜面受损。这对于一位孩子刚刚步入青春期的爸爸来说，是无法接受的；对于一位中年男性来讲，也是难以忍受的。咨询师共情到大刘愤怒背后尊严受损、颜面扫地的感受，通过"说出对方的感受——我看到你很生气，是不是觉得孩子特别不尊重你"及时安抚了大刘的情绪，迈出了建立对话的第一步。"说出对方的感受"，不仅可以让对方感到你对他的理解，安抚他的情绪，同时也能让他瞬间对自己的情绪有所觉察，而觉察，是在愤怒状态下，使理性回归，避免发生过激行为的关键。

其次是对儿子小刘。小刘当时的状态是"满脸涨红、双拳紧握"，"紧握的拳头僵硬、微微发抖"。咨询师通过"轻轻掰开他的手指"，帮助小刘僵硬、发抖、紧握的拳头得到舒展，减弱了他暴怒的情绪。具身认知理论认为，人的生理体验与心理状态之间有着强烈的联系。生理体验"激活"心理感觉，反之亦然。简言之，就是人在开心的时候会微笑，而如果微笑，人也会趋向于变得更开心。人在愤怒的时候会紧握拳头，而如果舒展握紧的拳头，人就会趋向于减弱愤怒。

家长操作指南

一、了解孩子愤怒的激发因素

青春期是一个人由儿童向成年的过渡。这个阶段，他们不再像过去那样，凡事依赖父母、信任父母、听父母的话，看上去乖巧懂事。他们开始有了自己的想法和见解，尝试追求独立、自主，希望获得父母的理解和尊重，度过这个阶段，他们将成为一个完全独立的成年人。因此，青春期的孩子非常在意他们是不是自主，是不是被人尊重和被人理解。如果父母能够在孩子青春期成长的过程中，逐渐放手，给予他一定的自由、尊重和理解，那么他将顺利地长大成人。如果在这个阶段，孩子追求独立自主、获得尊重和理解的需求受阻，就会由此引发愤怒情绪。

想一想，最近一段时间，激发孩子愤怒情绪的原因，把它们归归类吧。这类最容易激发孩子愤怒的因素，是需要家长格外关注和尽量避免的。

二、"提醒话"

提醒话是在孩子愤怒时，通过一些言辞提醒他觉察自己的愤怒情绪，通过对话或者自我对话帮助他降低愤怒水平的愤怒减弱因素。提醒话分为三种。

第一种是提醒孩子他正在发怒的言辞。"说出对方的感受"就可以归为这一类的提醒话，当然，这建立在你能够共情孩子的基础之上。和孩子一起讨论一下，下次他发怒的时候，家长可以通过什么样的言辞帮助他觉察到自己的愤怒。例如，"我看到你好像有些生气""火山要爆发了""吃一颗牛黄解毒丸"等。只要这句话是你们提前约定好的，就都可以。

第二种是孩子积极自我暗示的言辞。这些言辞通常是一些积极、肯定并富有激励性的语言，例如"我要冷静一下""我可以做到好好说话""我一定能控制好自己的愤怒"，等等。鼓励孩子每天在心里背诵它，做到反复强化。

第三种是一些可以普遍适用的言辞。这些言辞适合于所有的愤怒情境。例如"别着急""放松""冷静""镇定"，等等。

三、识别身体线索，放松愤怒的身体

怒发冲冠、咬牙切齿、怒目相视、暴跳如雷、七窍生烟、横眉怒目、破口大骂……发现这些词汇中隐藏的共性了吗？

对的，这个共性就是，愤怒这种情绪常常通过肢体语言表达出来。邀请你的孩子和伴侣一起想一想：家中每个人发怒的时候，会习惯性地做出什么样的肢体动作？关注这种动作，在下一次发怒时，当你觉察到自己又做出了这种动作时，有意识地放松相关的身体部位。例如松开紧握的拳头、放下直指对方的手臂、放松咬紧的牙关，通过身体的放松来获得愤怒的减弱。如果你感觉这招很灵，别忘了教给孩子。

　　尝试着从身体线索中发现愤怒的来源，并感同身受孩子的愤怒。智慧的父母选择用自己的稳定抚平孩子的愤怒，反之，妄图用自己的愤怒压抑孩子的愤怒只会使局面更恶化。

表 1 症状损益表

症状	获益项目	获益得分	损失项目	损失得分
厌学				
总分 (10分制)				

表 2 目标转换表

家长		孩子	
回避失败型要求	转换为追求成功型要求	回避失败型目标	转换为追求成功型目标

表 3 学业拖延高危情景应对表

学业拖延程度 1~10 分	改变意愿 1~10 分	高危情景	预先思考的对策	需要家长提供的帮助

表 4 目标执行自检表

时间	目标达成进展	遇到的困难	解决的方法	执行力总体评分（满分 100 分）
第一周				
第二周				
第三周				
第四周				
第五周				
第六周				
第七周				
第八周				

表 5 积极期待检视表

序号	时间	事件	情绪	情绪强度 (1~10分)	假如发生……	期待	实际后果 (+/-)

表 6 反转视角练习表（家长版）

序号	我的缺点	反转视角

表 7 反转视角练习表（亲子版）

序号	孩子完成：我的缺点	家长完成：反转视角，积极赋义

表 8 社交焦虑触发点记录表

序号	情境	对象	时间	话题	想法	有效方法

表 9 发现更好的我

填写人	☐ 妈妈 ☐ 爸爸 ☐ 孩子
更好的我	
·"更好的我"是什么样子的呢？	
·"更好的我"使我更快乐，因为——	
·"更好的我"是我想成为的样子，因为——	
·我可以做些什么来实现"更好的我"？	
·有哪些人可以给我支持？	
·他们分别如何支持我？	
·我需要多长时间实现"更好的我"呢？	
·我可能遇到哪些困难呢？	
我的优势	
·我的优势将如何帮助我实现"更好的我"？	
·我的优势将如何帮助我克服困难？	

9

表 10 爱自己小测试

高于其他人的 5 个积极特质	低于其他人的 5 个积极特质	表现平平的 5 个积极特质

表 11 情绪日志

填写人_____　　_____年____月___日

时间	情境	情绪

表 12 情绪表达记录表

情境	情绪	情绪的表达方式				
		言语	行为	手势和姿势	面部表情	语气

情境	情绪	情绪的表达方式				
		言语	行为	手势和姿势	面部表情	语气

表 13 游戏时间周记录表

周数	星期	游戏开始时间	游戏结束时间	游戏合计用时	本周每日游戏平均时间	本周目标达成情况
第一周计划	星期一					□达成 □未达成
	星期二					
	星期三					
	星期四					
	星期五					
	星期六					
	星期日					
第二周计划	星期一					□达成 □未达成
	星期二					
	星期三					
	星期四					
	星期五					
	星期六					
	星期日					
第三周计划	星期一					□达成 □未达成
	星期二					
	星期三					
	星期四					
	星期五					
	星期六					
	星期日					

表 14 **孩子天赋优势发现表**

序号	品格优势	第一步 孩子选择	描述	第二步 孩子选择	第三步 家长选择	第四步 整合分数
1	创造力		善于想出新的更好的做事方法			
2	好奇心		喜欢探索，喜欢提出问题，乐于接受不同的经历和活动			
3	开放性		灵活、开朗；在做决定之前，要考虑并检查所有方面			
4	好学		喜欢在学校或自己学习新的想法、概念和事实			
5	洞察力		重要的事情朋友会询问他；被认为具有超越年龄的智慧			
6	勇敢		面对困难或挑战，即使害怕，也不放弃			
7	坚毅		完成很多事情；能在分心时重新集中注意力完成任务			
8	正直		是一个真诚、诚实的人，是值得信赖的人；行为与他的价值观一致			

15

续表

序号	品格优势	第一步 孩子选择	描述	第二步 孩子选择	第三步 家长选择	第四步 整合分数
9	活力与热		精力充沛，性格开朗，充满活力			
10	爱		爱和被爱都是他的天性；重视与他人的亲密关系			
11	善良		喜欢为他人做一些善意的举动，通常是在没有被要求做的情况下			
12	社交能力		在社交场合能很好地管理自己，并具有良好的人际交往能力			
13	公民意识团队合作		是一个活跃的社区或团队成员，并为团队的成功做出贡献			
14	公平		当别人受到不公平对待、欺负或嘲笑时，要为他们挺身而出			
15	领导力		经常被别人选为领导；领导能力强			
16	宽恕和仁		容易宽恕冒犯他的人；不记仇			
17	谦卑和平		不喜欢成为众人瞩目的焦点，喜欢别人光芒四射			

序号	品格优势	第一步 孩子选择	描述	第二步 孩子选择	第三步 家长选择	第四步 整分数
18	谨慎		细心谨慎，能够预见到他/她行为的风险和问题并做出相应的反应			
19	自我调节 （自我控制）		在具有挑战性的情况下，能管理好自己的情绪和行为；通常遵循规则和惯例			
20	对美和卓越的欣赏		被自然、艺术（如绘画、音乐、戏剧）和/或生活中许多领域的美深深打动			
21	感恩		通过言语和行动表达对美好事物的感激之情			
22	希望与乐		希望并相信好事会比坏事发生得更多			
23	幽默风趣		是好玩的和有趣的，并用幽默与他人联系			
24	灵性		信仰更高的力量并自愿参加宗教或精神实践（如祈祷、冥想）			

表 15 更好的我

填写人：	□ 妈妈　□ 爸爸　□ 孩子

1. 我的目标

2. 如果我实现了这个目标，会有什么不同呢？

3. 我的显著优势

4. 我的计划

5. 谁会支持我？如何支持我？

愿意支持我的朋友的名字：
他 / 她多长时间会来检查我的进度？
我们如何沟通？　电话□　　微信□　　当面□　　其他□

6. 创建时间表

制订计划的日期：
预计完成的日期：
日期中点（近似即可）：

18

表16 10分钟冥想分步打卡表

步骤\天数	预备			签到					专注于呼吸			结束	
	舒适的地方	不受打扰	10分钟闹铃	深呼吸	躯体感觉	意念扫描	留意情绪	感受起伏	注意节奏	10次一组循环5~10组	放松20秒	躯体感觉	睁眼起身
第一天													
第二天													
第三天													
第四天													
第五天													
第六天													
第七天													
第 天													
第 天													
第 天													
第 天													

19

表 17　自我批评思想与合理观点

自我批评思想	合理观点